D1734320

Karin Brandl

Tarot
Das eigene innere Wissen
wahrnehmen

ALCHIMA

1. Auflage April 1997
© 1997 ALCHIMA-Verlag, Karin Brandl
Pfladergasse 2, 86150 Augsburg
Das Werk einschließlich aller seiner Teile ist urheberrechtlich geschützt.
Jede Verwertung außerhalb der engen Grenzen des
Urheberrechtsgesetzes ist ohne Zustimmung des Verlags unzulässig
und strafbar. Das gilt insbesondere für Vervielfältigungen,
Übersetzungen, Microverfilmungen und die Einspeicherung
und Verarbeitung in elektronischen Systemen.
Dieses Buch ist eine vollständig überarbeitete und erweiterte Neuausgabe.
Die Erstausgabe mit gleichem Titel ist 1994 im
Knaur-Verlag, München erschienen, ISBN 3-426-86059-7)
Gestaltung und Satz: Alchima
Illustrationen aus dem Tarotzyklus von Karin Brandl
Druck und Bindung: Maro-Druck, Augsburg

ISBN 3-932669-00-2

Karin Brandl

Tarot
Das eigene innere Wissen
wahrnehmen

Begleitlektüre für alle Tarotdecks
mit zahlreichen Illustrationen

ALCHIMA

Karin Brandl
Jahrgang 1960, Dipl. Designerin, freischaffend tätig als Künstlerin, Autorin, Astrologin; seit vielen Jahren Beschäftigung mit Meditation, Psychologie, Tarot, Trancereisen, Kraftplätzen energetischen und parapsychischen Phänomenen.

Weitere Buchveröffentlichungen:
Magie - Die Kreativität des inneren Kindes; Knaur-Verlag 1996
Ich kann doch ohne dich nicht leben - Die Macht energetischer Verbindungen und ihre Auflösung; Verlag Hermann Bauer, 1997

Titelabbildung: „Der Narr"
Vignette Umschlagrückseite: „ Die Hohepriesterin"

Inhaltsverzeichnis

Vorwort

Die Erstausgabe dieses Tarotbuches ist 1994 erschienen. In der Zwischenzeit haben einige Tausend Menschen mein Buch gelesen und ich habe mich über das positive Feedback sehr gefreut. Ich danke hiermit allen Leserinnen und Lesern, die mir durch ihre Briefe und Mitteilungen gezeigt haben, daß mein Buch einen intuitiven und spontanen Umgang mit den Tarotbildern anregt und sogar Menschen inspiriert, die sonst für Esoterik wenig Interesse aufbringen. Es hat sich als Buch für Einsteiger, die ihre Karten intuitiv und eigenständig erfassen lernen wollen, bestens bewährt, gerade weil es, wie eine Leserin meinte, auch den eigenen Freiraum bei der Deutung zuläßt.

Meine Art der Tarotbetrachtung schärft Intuition und Wahrnehmung, sie reproduziert jedoch keine überkommenen esoterischen Traditionen. Mein Anliegen ist es, den Tarot, der als System der Selbsterkenntnis wunderbar funktioniert, zeitgemäß und dabei immer wieder neu zu deuten. Dieses Buch enthält die Grundlagen, die zum Verständnis des Tarot-Systems nötig sind und eignet sich daher als Begleitlektüre für alle Tarotdecks.

Für diese vollständig überarbeitete und erweiterte Neuausgabe habe ich Anregungen und Wünsche von Leserinnen aufgenommen und z.B. die Zuordnung der Hofkarten nun einzeln beschrieben. Die Texte der Trumpfkarten habe ich mit meinen neuen Erfahrungen ergänzt und Stichworte zur Kurzdeutung beigefügt. Außerdem ist der Praxisteil umfangreicher geworden. Ich habe im Laufe der Zeit weitere neue Legemuster entwickelt und als Besonderheit verknüpfe ich die Tarotbilder auch mit Techniken der Energiearbeit.

Viele Jahre ist es nun her, daß ich mir mein erstes Tarotdeck gekauft habe, doch mein Interesse am Tarot ist nach wie vor ungebrochen, ja es ist so stark, daß ich mich entschlossen habe, dieses Buch zu schreiben. Ich bin Künstlerin. Es ist daher nicht verwunderlich, daß mich diese handlichen Bilder damals, als ich sie zum ersten Mal bei einem Freund liegen sah, sofort in ihren Bann zogen. Lange hatte ich gezögert, mir selbst welche zu besorgen. Fasziniert schlich ich in den Buchhandlungen und Geschäften herum und schaute mir die vielen bunten Tarotdecks an, ohne zu einer Entscheidung zu kommen. Ich muß wohl gespürt haben, daß ich sehr viel Zeit und Arbeit hingeben würde, um den Sinn und Zweck dieser kleinen bunten Bilder zu verstehen.

Es gab damals noch nicht diese Riesenauswahl an Tarotbüchern wie heute. Meine erste Lektüre war ein auf esoterischen Lehren aufgebautes Buch. Erschwerend kam hinzu, daß ich mich spontan für ein anderes Tarotdeck entschieden hatte, als jenes, für das mein Buch geschrieben war. Im Laufe der Jahre verwendete ich verschiedene Tarot-Decks, angefangen vom Oswald-Wirth-Tarot, der sich an den klassischen Marseiller Darstellungen orientiert, über den Rider-Waite- und Crowley-Tarot, die wohl die Bekanntesten sind. Derzeit ist ein, in schönen Farben gehaltenes, mit chinesischen Motiven bebildertes Tarot mein Lieblingsspiel. Ich interessiere mich nämlich seit vielen Jahren schon für chinesische Mythologie und Kunst, was den Zugang zu diesen Bildern erleichtert.

In den ersten Jahren meiner Tarot-Praxis stöberte ich in allen verfügbaren Büchern und besorgte mir alles, was mir wichtig erschien. Parallel dazu notierte ich stets meine eigenen Wahrnehmungen im Umgang mit den Karten. Auf diese Weise habe ich allerdings sehr lange gebraucht, bis ich mich von den vielen Büchern und Meinungen ihrer Autoren wieder befreit hatte und den Tarot ganz spontan und immer wieder neu wahrzunehmen lernte.

Heute bin ich der Überzeugung, daß es besser ist, wenn selbst Anfängerinnen und Anfänger sich auf ihre Eindrücke und Spontaneität beim Kartendeuten verlassen, anstatt sich an rezepthafte Beschreibungen in Büchern anzulehnen. Bücher können zwar bis zu einem gewissen Grade ganz gute Tips geben, aber es kommt darauf an, daß wir das, was wir sehen, auch für wahr nehmen, d.h. daß wir uns selbst glauben.

Das ist gar nicht so einfach, wie es scheint. Viele Menschen sind sich nicht bewußt, daß sie in einer Gesellschaft leben, wo die „eigene Ansicht" meist von anderen stammt. Ihre politische oder gesellschaftliche Meinung entnehmen viele beispielsweise vorwiegend aus Zeitungen oder Fernsehen. Die Macht der Bildmedien (Illustrierte, TV) ist nicht zu unterschätzen, ebensowenig die Prägung, die die Menschen dadurch erhalten.

Eigentlich genügt es, ein Bild zu sehen, um sich eine eigene Meinung zu bilden, die aufgrund der eigenen Erfahrung und der Gefühle dabei entsteht. Doch jedes Bild bekommt heute einen verbalen oder schriftlichen Kommentar und, was das Verrückte ist, wir glauben diesen Worten mehr, als dem Bild das wir sehen und sogar empfinden können! Die Worte zu den Bildern verzerren oftmals die Bildaussage und entfremden von der eigenen, tiefen Empfindung, die ein Bild in uns auslösen kann. Auf diese Weise verkümmert das intuitive Gespür für Bilder, für das Selbst und die eigene Ansicht wie ein Muskel, der nicht trainiert wird. Dann benötigt der Mensch freilich ständig „Stützgeräte und Geh-Hilfen" in Form von fremden Kommentaren, die ihm sagen, was er zu fühlen hätte.

In meinen Tarotworkshops stelle ich hingegen immer wieder fest, daß der persönliche Sinn des Tarot allen ganz spontan zugänglich ist. Ohne vorher irgendwelche Bedeutungen auswendig zu lernen, wissen die Leute, was ihre Karten sagen. Mit ein bißchen Selbstvertrauen und dem Interesse daran, sich auch eigene Gedanken über die Bilder zu machen, erschließt sich jede Karte. Die Tarotbilder dienen als Metaphern für unsere eigenen Inhalte und sie beflügeln so unsere intuitive Wahrnehmung. Die Deutung einer Tarotkarte beim Kartenlegen ist etwas außerordentlich Persönliches. Oft kommt es vor, daß der tiefere Sinn für die betroffene Person lediglich spürbar, aber nicht in Worten auszudrücken ist. Daher ermuntere ich die Leute dazu, den Eingebungen ihrer Intuition zu folgen. Ich will dadurch Autonomie schaffen und ihnen zeigen, daß sie selbst ihr spirituelles Wissen immer bei sich haben. Es bedarf nur der Beachtung und Entwicklung.

Die Tarotkarten besitzen zwar gewisse Grundbedeutungen, aber es ist wichtig, daß ich mein Spiel immer wieder neu und ganz persönlich deute. So kann ich mir den Tarot natürlich nur erarbeiten, d.h. nur durch das Tun werde ich klug, nicht allein durch Belesenheit oder auswendig Gelerntes. In diesem Päckchen Spielkarten steckt mehr als nur billiger Unterhaltungswert oder modische Spielerei. Der Tarot ist ein spiritueller Pfad, der ganz spielerisch zu Selbsterkenntnis und Verantwortlichkeit führt. Aber wie jeder spirituelle Weg bedarf er der stetigen Übung und Integration ins tägliche Leben und er ist auch nur eine von vielen Möglichkeiten der Suche nach dem Selbst.

Wenn du Spaß an Bildern, Farben und am Hantieren mit diesen kleinen Kärtchen hast und dabei obendrein noch etwas über dich selbst erfahren willst, dann könnte der Tarot vielleicht auch dein Weg werden.

Im Frühjahr 1997

Was ist Tarot?

Auf der *materiellen Ebene* ist der Tarot ein besonders dickes Päckchen Spielkarten. Meist sind sie sehr schön gestaltet, aufwendiger als die normalen Skat- oder Schafkopfkarten.

Auf der *geistigen Ebene* ist der Tarot ein System von Symbolen, die die Menschheit entwickelt hat, um Vorgänge in der Welt zu beschreiben und zu begreifen. Die Karte 3, Die Herrscherin, ist beispielsweise ein Symbol für Fruchtbarkeit, für die Mutter Natur. Sämtliche Muttergottheiten aus allen Kulturen der Erde gehören zu dieser Karte, ebenso wie jede Form von Fruchtbarkeit oder jeglicher natürliche Wachstumsprozeß.

Jede Tarotkarte beinhaltet somit eine Fülle von Information und Wissen über vergangene Kulturen und geistige Errungenschaften der Menschheit. Sie zeigt einen bestimmten Abschnitt im Bewußtseinsprozeß sowohl des einzelnen Menschen, wie auch des Kollektivs. Bewußtsein beginnt in dem Augenblick, wo wir aus der Dumpfheit des reinen Geschehens aufwachen und die uns umgebenden Dinge benennen und symbolhaft umschreiben können. Die Lehren aller Religionen sind Ausdruck dieser Suche nach Bewußtsein. Die geistige Ebene des Tarot, zu der auch die Gestaltung der Bilder gehört, trägt oft eine bestimmte kulturelle Färbung, den Inhalt einer Lehre oder Ideologie oder eine sonstige *message*, z.B. Esoteriktarot, Kabbalatarot, feministischer Tarot, New Age Tarot, Indianer-, Weise-Frauen- oder auch Hexen-Tarot usw.

Auf der *spirituellen Ebene* zeigt der Tarot den Reifungsprozeß eines Menschen. Die spirituelle Seite kommt am intensivsten beim Kartenlegen zum Ausdruck. Paradoxerweise hängt sie jedoch nicht von den Karten ab. Sie steckt auch nicht darin. Die spirituelle Seite des Tarot ist stets deine eigene Spiritualität. Der Umgang mit den Karten kann dir aber helfen, sie zu entwickeln. Durch den Umgang mit Symbolen schärfst du deine Intuition und lernst, mehr auf Kleinigkeiten und

Zwischentöne zu achten, denn das Deuten von Symbolen ist eine Angelegenheit, die den ganzen Menschen betrifft und nicht nur die Verstandesfunktion, die wir im Alltag hauptsächlich gebrauchen.

Die Geschichte des Tarot beginnt etwa um die Mitte des 15. Jahrhunderts. Die Mailänder Familie Visconti ließ ein Tarotspiel herstellen, das aus 56 Karten, aufgeteilt in 4 Farbensätze und zusätzlich 22 Trumpfkarten bestand. Dies ist das erste, uns heute bekannte Tarotspiel. Die 4 Farbensätze sind die Vorläufer unserer normalen heutigen Spielkarten. Die 22 Trümpfe allerdings gaben vielerlei Anlaß zu Spekulationen. Sie hatten noch keine Nummern und Titel und könnten auch einfach Abbildungen der mittelalterlichen Zeitgenossen wie Kaiser, Kaiserin, Papst usw. gewesen sein. Andere zeigen charakterliche Tugenden wie Kraft und Mäßigkeit und wieder andere beschäftigen sich mit mythologischen oder religiösen Szenen wie der Auferstehung der Toten oder dem Rad des Lebens.

Aus welcher Tradition diese Kartenbilder stammen, ist heute nicht mehr definitiv festzustellen. Manche ordnen sie den Zigeunern zu, die sie aus dem Osten nach Europa gebracht haben sollen. Einen sicheren geschichtlichen Beleg für diese Spekulation gibt es jedoch nicht. Kabbalisten sahen in der Zahl 22 eine Verbindung zu den Buchstaben des hebräischen Alphabets. Diese Buchstaben sind mehr als nur Schriftzeichen für die gläubigen Hebräer. Sie beinhalten die Geschichte eines spirituellen Reifungsweges und jeder Buchstabe besitzt seine spezielle Bedeutung und einen besonderen Zahlenwert. Er stellt somit das Symbol einer Stufe der Wachstumsleiter dar.

Dieser Ansatz ist interessant für uns, denn er läßt die Vermutung zu, daß die Karten von Anfang an mehr als nur Spielkarten waren, nämlich esoterische Symbole, deren Inhalt nicht allen zugänglich war. Möglicherweise beinhalteten sie für Eingeweihte ein ganzes System okkulten Wissens, das vielleicht aus Gründen der Sicherheit vor Verfolgung durch die Inquisition in Form von Spielkarten überliefert wurde.

Nichtsdestotrotz wurden die Tarocchi, wie sie im Italienischen heißen, lange Zeit vorrangig als Spiel angesehen und erst in zweiter Linie als ein Mittel zur Weissagung. Etliche Male im Lauf der Jahrhunderte wurden sie verboten, wobei wir nicht wissen, ob dies zur Unterdrückung des Geheimwissens geschah oder ob einfach zu viele Haus und Hof verspielt hatten, so daß dem durch ein Gesetz Einhalt geboten werden sollte.

Viele Geschichten und Märchen ranken sich um den Tarot, so daß er im Lichte der Vergangenheit ganz geheimnisvoll zu schillern beginnt. Im 18. Jhd. behauptete der französische Okkultist Court de Gebelin, daß der Tarot das ursprüngliche Buch Thoth sei, das ein ägyptischer Gott der Magie geschaffen habe, um sein Wissen an seine Schüler weiterzugeben. Esoterische Zirkel und Vereinigungen, Geheimbünde und Konvente haben sich seither mit dem Tarot befaßt, ihn umgestaltet und ihre Anschauungen zum Teil darin untergebracht. Insbesondere der Tarot des Golden-Dawn-Zirkels, der Rider-Waite- und Crowley-Tarot entstammen dem esoterisch-okkultistischen Dunstkreis magischer Logen des ausklingenden 19. Jahrhunderts, die sich beispielsweise auch mit ägyptischer Mythologie befaßt haben, was auf die Gestaltung mancher Karten nicht ohne Einfluß blieb.

Heute finden wir viele kulturell geprägte Spiele auf dem Markt. Manche sind durchaus kunstgeschichtlich interessant, sofern du dich mit dieser Seite intensiver beschäftigen willst. Manche modernen Tarots, wie z.B. der Haindl-Tarot vereinigen auch verschiedene Kulturkreise in den Bildern. Im Sinne des „Eine-Welt-Gedankens" überspringt also auch der Tarot heute kulturelle Grenzen, indem die Bilder aus unterschiedlichen Traditionen zusammengefügt werden. Manche modernen Karten laden geradezu ein zum meditativen oder träumerischen Hineinspazieren in eine fremdartige Welt.

Der tiefere Sinn der einzelnen Karten, wie auch die Reihenfolge, stimmt jedoch bei den meisten Tarotspielen überein. Offenbar waren sich alle unbewußt einig, daß der psychisch-spirituelle Reifungsweg eines Menschen eine bestimmte universale Form beibehält, ganz gleich welcher speziellen Glaubensrichtung er folgt oder welcher Kultur er entstammt. Die Faszination des Tarot hat in unserem Jahrhundert mehr und mehr zugenommen und selbst der Psychologe C. G. Jung, der sich sehr des Spirituellen im Menschen angenommen hat, befaßte sich mit dem Symbolwert der Karten.

Er fand heraus, daß sich die Bedeutungen der 22 Trümpfe auf den *Individuationsweg*, wie er den menschlichen Reifungsweg nannte, übertragen lassen. Die Karten stellen die archetypischen Strukturen im Menschen symbolhaft dar. Alle Menschen tragen dieses Potential in sich und nach und nach kommt es im Leben zur Entfaltung. Diese Archetypen wirken sowohl auf der psychischen, wie auch auf der spirituellen Ebene, die einander gegenseitig durchdringen.

Die große Woge der Esoterik, die momentan über uns hereinbricht, hat auch einen Boom des Tarot mit sich gebracht. Unmengen verschiedener Kartenspiele sind gerade auf dem Markt. Alte, klassische Spiele werden nachgedruckt, neue werden entworfen. Es gibt ein Roboter- und ein Katzen-Tarot, ein Wunderland-Tarot, ein Pinocchio-Tarot und viele mehr. Die Branche treibt mitunter ganz seltsame Stilblüten: so gibt es ein Tarot des guten Geschmacks. Hier sind die Karten mit der Speisenfolge in einem Restaurant illustriert. Dieses Spiel ist aber wohl eher als unterhaltsames Sammlerstück gedacht und nicht für den Gebrauch geeignet, der hier in diesem Buch vorgeschlagen wird. Das Wort Tarot scheint mittlerweile ein Synonym für Wahrsagespiel geworden zu sein. Ich betrachte ihn eher als Wahrnehmungsspiel, wobei es stimmt, daß wir, je schärfer unsere gesamte Wahrnehmung wird, umso mehr in der Lage sind, Entwicklungen auch in die Zukunft zu überblicken.

Im allgemeinen besteht ein Tarotdeck aus 78 Karten, nicht mehr und nicht weniger. Ich selbst besitze den Nachdruck eines alten florentinischen Tarocchi mit fast 100 Stück. Hier sind noch Karten mit Tierkreiszeichen, den 4 Elementen und andere beigegeben. Ich sehe sie mir ganz gern an, aber ich benutze sie nicht wie mein Tarotspiel. Die bekanntesten Spiele, über die auch etliche Bücher geschrieben wurden, sind sicher der Rider-Tarot und das Crowley-Tarot-Deck, obwohl

obwohl es noch genug andere, schöne Tarotspiele gibt. Das Wichtigste für unseren Gebrauch als intuitives Wahrnehmungsspiel ist, daß dir die Bilder deines Tarot wirklich gut gefallen, denn wenn du die Gestaltung ablehnst, wirst du mit der Intuition wenig Erfolg haben. Vielleicht besitzt du ja schon selbst Tarotkarten oder du hast nun Lust bekommen, dir welche auszusuchen...

Wofür du den Tarot nützen kannst

Manche Menschen denken bei Tarot sofort an Wahrsagerei und Zukunftsdeutung. Es kommt die Vorstellung eines düsteren Zimmers auf, wo sich eine alte Frau an einem Tisch, auf dem eine Kristallkugel steht, über die Karten beugt. Eine schwarze Katze sitzt auf ihrer Schulter. Mit Grabesstimme eröffnet sie dir die Haarfarbe deines zukünftigen Ehemannes samt Kontostand, Immobilienbesitz, Fahrzeugmarke usw. Selbstverständlich steht sie mit übernatürlichen Mächten in Kontakt, die ihr die Auskünfte erteilen. Vielleicht weht auch noch ein kalter Hauch durchs Zimmer, der Wind bläst die Kerze aus ... - und fertig ist der Gruselfilm!

Solltest du bisher auch solche Gedanken gehabt haben, vielleicht auch nur ganz tief innen, dann lasse sie jetzt los. Wenn du den Tarot praktisch nützt, d.h. wenn du dir die Karten legst, dann blätterst du nicht im großen Schicksalsbuch. Du wirst auch nicht automatisch zu Hellseher oder Zauberhexe und es stecken keine Geister oder übernatürlichen Mächte in den Karten, mit denen du Kontakte knüpfen müßtest. Leider wird der Tarot auch heute noch mit solch mittelalterlichem Aberglauben in Verbindung gebracht!

Wenn du anfängst, mit dem Tarot zu arbeiten, kannst du deine gezogenen Tarotkarten zur Selbstbetrachtung nützen indem du sie auf eine persönliche Ebene bringst und auf dein Leben hier und jetzt beziehst. Suche nach Bezügen zwischen den einzelnen Bildern und deinem Leben, indem du dich fragst: Verhalte ich mich vielleicht gerade so, wie die Figur auf der Karte? Kenne ich jemanden der oder die mir so begegnet? Fürchte ich mich vielleicht vor einem Bild? Oder sehne ich mich danach? Warum spricht mich diese Farbe so sehr an und was bedeutet dies? Das Gleiche kannst du übrigens mit jedem Bild machen, das dich tiefer berührt, sei es im Traum, in einem Film, in der Zeitung oder bei einer Kunstausstellung.

Der Tarot ist ein gutes Mittel zur Selbsterforschung. Oft glauben wir, etwas Bestimmtes zu wollen und sind uns nicht im Klaren darüber, daß wir das Erstrebte in Übereinstimmung mit unserem tiefsten Inneren weder brauchen, noch auch wollen. Wir klammern oft viel zu lange an verbrauchten Wünschen und Ideen. Hier kann der Tarot helfen, deine Kräfte nicht zu vergeuden. Er macht dich aufmerksam auf die Frage: „Was will ich wirklich?" und ist ein Sprachrohr für deine Intuition, für deine innere Stimme, die dir im Leben den richtigen Weg weist.

Es gibt Momente, in denen deine Intuition sehr stark ist. Dann brauchst du keine Tarotkarten, denn du besitzt eine untrügliche innere Sicherheit in Bezug auf deine Handlungen. Ein andermal fühlst du dich unsicher und schwammig, zu keiner klaren Entscheidung fähig. Hier kann der Tarot helfen, deine Gedanken zu ordnen und deiner inneren Stimme Ausdruck zu verleihen.

Beim Kartenlegen liegt das Kartenmuster wie eine Momentaufnahme aller wirksamen Energien, die jetzt in deiner Situation zusammentreffen, vor dir. Du wirst dadurch zur außenstehenden Betrachterin deiner selbst und gewinnst Abstand von deinen Problemen und den damit verbundenen Gefühlen, was oft der erste Schritt zur Klarheit ist. Du siehst auch, was du in der Vergangenheit getan und wie du die Situation geschaffen hast und erkennst Trends und Tendenzen der weiteren Entwicklung.

Dabei ist Tarot aber kein Dogma, das dir Vorschriften machen will, sondern ein Spiel mit dir selbst. Die Verantwortung für deine Entscheidungen bleibt einzig und allein bei dir. Wenn du aber ehrlich zu dir selbst bist und verantwortungsvoll mit dem Tarot umgehst, kannst du in mancher unklaren Situation vielleicht die bessere Entscheidung treffen, nämlich die, die deinem höheren Selbst entspricht. In Krisensituationen kann dir der Tarot helfen, Sinn und Bedeutung hinter den Dingen, die sich gerade in deinem Leben zutragen, zu finden. Alles was im Leben eines Menschen passiert, geschieht nicht sinnlos. Die Götter, der Kosmos, das Leben selbst, wollen uns nicht einfach zerstören und bestrafen, vielmehr suchen wir uns selbst alle Situationen aus, die wir zu unserem Wachstum benötigen. Viel hängt davon ab, wie wir Krisen in unserem Leben betrachten. Sind sie für uns nur ein überwältigendes Übel, dann können wir seelisch oder auch körperlich daran zugrunde gehen. Können wir sie aber als Lernprozeß mit einem für uns persönlichen Sinn in unser Leben integrieren, dann gehen wir aus Krisen gereinigt und gestärkt hervor. Der alte Ballast liegt hinter uns, ein neuer Abschnitt beginnt.

Wir können auch, vor allem wenn wir gerade in einer solchen Situation stecken, mit dem Unvermeidlichen, mit Schmerz und Leid, in unserem Leben besser umgehen, wenn wir einen tieferen Sinn und die Bedeutung für unsere Entwicklung erkennen. Dabei ist es nicht einmal notwendig, den konkreten Sinn in seiner vollen Tragweite sofort zu erfassen und zu verstehen. Im Reflektieren des Sinns steckt ja bereits ein ganzes Stück Arbeit, so daß dies auch nicht plötzlich vonstatten geht. Zunächst ist es in einer Krisensituation bereits hilfreich, die Möglichkeit von Sinn und Bedeutung vorauszusetzen. Wenn du an einen tieferen Sinn in dem was dir geschieht glauben kannst, gibst du nicht so leicht auf. Der Umgang mit dem Tarot und dein Suchen nach Selbsterkenntnis beinhalten gleichzeitig ein Suchen nach dem Sinn, der hinter den Dingen steckt. Beim Kartenlegen übst du die Sinnsuche.

Mit Hilfe des Tarot kannst du deine innere Entwicklung beobachten und dein spirituelles Wachstum durch Selbsterkenntnis fördern. Gerade weil der Tarot ein genauer Spiegel deiner selbst ist, wirst du mit einiger Übung auch immer mehr deine spirituellen Bereiche erkennen lernen. Tarotbetrachtung ist eine spirituelle Angelegenheit. Sie dient als Einstieg in Bereiche, die sich mit Worten nicht mehr ausdrücken lassen und in denen sich eine umfassende Erkenntnis multidimensionaler Ebenen öffnen kann.

Auf dieser Stufe wird das Tarotspiel tatsächlich zu einem Sinnbild des Lebens schlechthin und du wirst dein inneres universales Wissen darin entdecken. Du wirst merken, daß das Betrachten der Bilder nicht alles ist, sondern, daß die Information, die du benötigst, viele Wege nimmt, daß du den Schlüssel zu einem Tarotbild hören, schmecken, riechen kannst. Mit der Zeit wird sich deine Wahrnehmung so verfei-

18

nern, daß du in einem einzigen Augenblick die Wahrheit deines Kartenmusters begreifst und du wirst spüren, daß dich jedes Wort, das du darüber verlierst, von dieser Wahrheit entfernt. Hier offenbart sich die spirituelle Seite des Tarot. Jeder Mensch trägt von Anfang an spirituelle Weisheit in sich, die nur der Erweckung bedarf. Das Potential ist da, es muß nichts dazugelernt werden, einzig die verschütteten Wege sind freizuräumen. Doch das kannst nur du selbst tun und der Tarot ist einer der Wege dorthin.

Was du mit dem Tarot nicht tun solltest, wie übrigens auch nicht mit anderen bewußtseinsfördernden Medien, wie z.B. der Astrologie, ist das Klassifizieren von dir oder anderen Menschen anhand der Symbole. Weder du noch sonst jemand ist der Hohepriester des Tarot, die Herrscherin oder der Teufel. Es gibt Zähl- und Rechensysteme, mit denen du deine Persönlichkeits- oder Wesenskarte errechnen kannst. Oft höre ich: „Mein Partner hat Die Herrscherin als Wesenskarte. Paßt denn das zu mir, denn ich bin Der Magier?" Ich halte dies für Unsinn. Wir laufen dabei Gefahr, uns oder jemand anders unabänderlich über eine einzelne Tarotkarte einseitig zu typisieren.

Der Tarot ist, wie die Astrologie auch, ein in sich rundes und funktionierendes System, bei dem alle 78 Karten die Vielfalt des Lebens beschreiben. Es wäre das Gleiche, wie wenn jemand sagt, „Ich bin Schütze," und glaubt, daß er nun damit erschöpfend über sich Auskunft gegeben hätte. Die Tatsache, daß er Schütze ist, sagt nur etwas über den Sonnenstand zum Zeitpunkt seiner Geburt aus. Ein ganzes Horoskop enthält jedoch alle 12 Tierkreiszeichen und mindestens 10 Planeten und andere wichtige Punkte, die über alle anderen Zeichen verteilt sein können. Ein Mensch mit Sonne im Schützen kann demnach auch völlig andere Eigenschaften aufweisen, als jene, die dem Schützezeichen zugeschrieben werden, wenn andere Bereiche in seinem Horoskop betont sind.

Es mag verlockend sein, mit esoterischen oder religiösen Symbolen auf diese Weise eine Orientierung in der Außenwelt zu schaffen. Dies paßt gut zu unserem heutigen Zeitgeist, denn wir wollen alles gern recht einfach und schnell haben, ohne uns groß um etwas bemühen zu

müssen. Ein solcher Orientierungsversuch wird aber immer oberflächlich bleiben. Ebensowenig, wie seriöse Astrologen behaupten würden,
sie wüßten aufgrund einer Horoskopberechnung nun alles von dem
Menschen, ohne ihn persönlich kennengelernt zu haben, sollten wir
uns einbilden, sehr viel über jemand zu wissen, für den wir eine Tarotkarte berechnet oder gezogen haben. Weder der Tarot, noch ein anderes System dieser Art, läßt sich für die überzogenen Ansprüche unserer schnellebigen Konsumgesellschaft mißbrauchen. Der Tarot ist kein
spiritueller Computer, der auf Knopfdruck wichtige Daten ausspuckt.
Wenn du mit dem Tarot oberflächlich umgehst, werden die Antworten dementsprechend sein, denn er ist ein genauer Spiegel deiner
selbst. Dein Verständnis größerer Zusammenhänge reicht immer nur
so weit, wie die Kenntnis deines eigenen Inneren.

Du wirst dir mit deinem Tarotspiel also die Karten legen und es als
Orakel verwenden. Hier stellt sich nun auch die berechtigte Frage: *Wie
funktioniert das Tarotlegen eigentlich?*

Die Menschen haben zu allen Zeiten nach Analogien zwischen den
sie umgebenden Dingen und ihrem Leben gesucht, um Vorgänge zu
verstehen, die größer waren als das menschliche Leben. Sie haben
beobachtet, daß tatsächlich Analogien bestehen z.B. zwischen den
Bewegungen der Gestirne und dem Geschehen auf der Erde. Als die
Menschen mehr und mehr zu Ackerbauern und Viehzüchtern wurden, nahmen Wetterbeobachtung, Sonnen- und Mondstand und die
jahreszeitlichen Abläufe eine wichtige Stellung im Leben der Gemein-
schaft ein. Die Menschen lebten nicht einfach unter der Sonne, sondern zusammen mit den Gestirnen des Himmels, deren Erscheinen
oder Verschwinden am Himmel analog zu bestimmten Veränderungen auf der Erde geschah.
Daraus ist die Astrologie und auch der Kalender entstanden. In der
Erkenntnis der geregelten Abläufe eines größeren kosmischen Geschehens fanden die Menschen seelische Geborgenheit und aus diesem
Suchen haben sie die Religionssysteme entwickelt und den Glauben
an eine Einheit von Mensch und Universum kultiviert.

Heute kennen wir den Begriff der Synchronizität, der von C.G. Jung geprägt wurde. Damit sind Verknüpfungen von Vorgängen gemeint, die von außen betrachtet nichts miteinander zu tun haben. Wenn du z.b. an deine beste Freundin denkst und im selben Moment das Telefon läutet und sie am anderen Ende der Leitung ist, dann wäre dies ein Ausdruck von Synchronizität. Oder wenn du ein bestimmtes, bereits vergriffenes Buch, das du schon seit einem halben Jahr aufzutreiben versuchst, rein zufällig an deinem Urlaubsort irgendwo in Schottland in einem kleinen Antiquariat findest, dann ist dies auch Synchronizität. Dein Urlaubmachen hat im Grunde mit dem Buch nichts zu tun, aber daß du ausgerechnet dort hinfährst, wo du dein Buch bekommst, ist schon erstaunlich. Du kannst dich natürlich fragen: War es nicht Gedankenübertragung oder Vorahnung, die hier einen Einfluß ausübten? Doch Synchronizität meint nur, daß die Dinge analog laufen, nicht jedoch die Art und Weise, wie sie genau zusammenhängen. Tatsache ist jedenfalls, daß es diese Zusammenhänge und Analogien gibt und daß sie sich uns zeigen.

Mit Hilfe des Tarot schaffen wir selbst solche analogen Strukturen, die wir betrachten und deren Sinngehalt wir auf uns und unser Leben übertragen. Daran ist nichts Geheimnisvolles oder Übernatürliches.

Das Zufalls-Muster, das beim Auslegen entsteht, ist im Prinzip ein Sinnbild für unsere Einheit mit dem Ganzen. Die moderne Physik ist heute mehr und mehr in der Lage, zu beweisen, daß das gesamte Universum auf einer feineren Ebene aus reiner, sich ständig wandelnder Energie besteht, so auch wir und auch unsere Karten. Das, was wir Materie nennen, ist nichts anderes als verdichtete Energie. Auf dieser Energieebene sind wir mit allem und jedem verbunden, auch mit den Karten in unserer Hand. Diese Energie ist die göttliche Kraft, die alles durchströmt, der Urgrund aus dem alles Seiende stammt und der sich durch unser Höheres Selbst ausdrückt. Die Karten stellen im Besonderen ein Ordnungssystem für Energien dar weil sie alle menschlichen Erfahrungen umfassen. Beim Auswählen ordnen sich die passenden Karten zu dem für uns momentan stimmigen Muster. Auch das ist Synchronizität und sie funktioniert hervorragend.

Genaugenommen kannst du alles mögliche als Kanal für intuitive Erkenntnisse verwenden, vom Kaffeesatz zum Schafgarbenstengel, von den selbstgemalten Tarotkarten bis zu bunten Knöpfen oder auch Gummibärchen. Da im Universum alles auf feineren Ebenen miteinander verbunden ist und da sich stets zueinander passende Schwingungen gruppieren, könntest du aus allem, was dich umgibt lesen, wenn du nur bereit bist, es für wahr zu nehmen. Du gibst den einzelnen Teilen deines Orakelsystems feste Bedeutungen, damit du ein Raster hast für die Deutung und fertig. Dann wirbelst du das Ganze durcheinander. Dadurch erhält dein Orakel die Möglichkeit, die passende Form deiner Schwingung einzunehmen. Danach wertest du aus, was die Kombination zu sagen hat.

So haben die Menschen auch früher schon versucht, Vorgänge zu begreifen, die größer waren als sie selbst. Ich glaube es ist ein urmenschliches Bedürfnis, Orakel zu verwenden. Dies bedeutete für unsere Ahnen, die Stimme der Götter zu hören, ihren Willen zu erkennen und im Einklang mit dem Kosmos zu handeln. Nicht viel anderes erwarten wir uns heute vom Tarot. Die Stimme der Göttinnen und Götter erklingt durch unsere eigene Göttlichkeit. Wenn wir unserem wahren Weg folgen, sind wir in Einklang mit dem Ganzen.

Dieses Buch beinhaltet keine Bildbeschreibungen eines speziellen Tarotspiels, sondern die allgemeinen Bedeutungen der Karten, die zu einem Grundlagenverständnis notwendig sind.

Ich gebe keine festen Bedeutungen für einzelne Symbole vor, wie z.B. Rose = Liebe, sondern ich möchte, daß du dir selbst Gedanken machst, was das Symbol Rose für dich bedeutet. Sieh dir deine Karten also stets genau an! Ich kann dir nicht sagen, was du wahrnimmst.

Dieses Buch mag dich einführen in die intuitive Betrachtung des Tarot und kann dich beraten und dir Tips geben, die auf meinem eigenen Erfahrungshintergrund beruhen. Es soll dich darin unterstützen, das Tarotspiel, das dir am besten gefällt, mit deinen persönlichen Bedeutungsinhalten zu füllen. Das nimmt natürlich eine gewisse Zeit in Anspruch. Freu dich also auf viele interessante Stunden mit deinen Tarotbildern und laß dir Zeit dabei. Der Tarotpfad ist keine asphaltierte Rennstrecke! Ich weiß, wir leben in einer Instant-Gesellschaft und die meisten hätten gerne schon gestern alles über Tarot gewußt, obwohl sie erst heute ihr erstes Tarotspiel gekauft haben. Ich selbst beschäftige mich nunmehr seit 13 Jahren mit dem Tarot und bin seiner nicht überdrüssig geworden.

Außerdem: *Selbsterkenntnis ist beständige Arbeit am Selbst.* Der Tarot ist ein Medium der Selbsterkenntnis und Erfahrung, er ist ebensowenig wie Astrologie eine objektive Wissenschaft, wo du das Wissenswerte nur auswendiglernen müßtest, sondern eine subjektive und spirituelle Betrachtungsweise der Welt.

Du kannst bei diesem Buch gleich mit einem Tarotdeck beginnen, bei dem du spürst, daß du gerne und oft damit spielen wirst. Es ist ein Umweg, wenn du dir ein Spiel kaufst, das dir gar nicht gefällt, nur weil darüber die meisten Bücher geschrieben werden oder weil dir jemand erklärt, das seien „Die Tarotkarten". Kaufe nicht das erste, sondern das für dich beste Tarotdeck!

Es gibt mittlerweile Unmengen von verschiedenen Spielen, sehr farbige, märchenhafte, altmodische, comicartige, symbolhafte usw. Einfacher zum Erlernen ist ein durchgehend bebildertes Tarotspiel, bei dem alle Karten bildhafte Darstellungen zeigen. Für die sehr abstrakten Tarotdecks, benötigst du viel esoterisches Wissen, um zu verstehen, was eine Karte bedeutet. Damit förderst du nur wieder die Kopflastigkeit, der du ja gerade durch den intuitiven Gebrauch des Tarot entgehen willst.

Suche dir ein Spiel aus, das dir besonders gut gefällt. Es sollte dich spontan von den Farben und von den Bildern, aber auch von seinen geistigen Inhalten her ansprechen. Jedes Tarotspiel enthält auch die Weltanschauung derer, die es gestaltet haben und in gewisser Weise bist du, sofern du die Symbolsprache der Urheber kennst und zur Deutung heranziehst, durch den Umgang mit den Bildern auch mit jener bestimmten Gedankenwelt oder Tradition verbunden. Es gibt z.B. moderne feministische Tarots, die ein anderes Weltbild vertreten, als Tarotdecks aus dem vorigen Jahrhundert. Hierbei mußt du selbst entscheiden, mit welchen Inhalten du umgehen möchtest.

Wenn du mit dem Tarot etwas vertrauter bist und malerisches Talent besitzt, kannst du dir auch eigene Tarotkarten gestalten. Ich selbst habe mir ein farbenfrohes Deck gemalt, das ich sehr gern benutze. Es beruht auf der Grundlage meiner Buchillustrationen und ist somit abstrakt und vollkommen frei von irgendwelchen fremden Vorstellungen. Es ist schön, verschiedene Tarotdecks zu haben, die du nach Lust und Laune zum Einsatz bringst. Das ist beim intuitiven Tarot ganz einfach, denn es geht ja hauptsächlich ums Hinschauen und -fühlen und weniger um die Kenntnis traditioneller Überlieferungen.

Ich bin oft gefragt worden, ob beim Crowley-Tarot nicht etwas zu spüren sei, von Crowleys Umgang mit schwarzer Magie. „Nein," antwortete ich dann, „denn ICH bestimme, wie ich meine Karten deute und nicht Crowley." Seltsam, kein Mensch macht sich Gedanken darüber, was für Leute es waren, die unsere Kleidung fabriziert haben, die wir täglich auf dem Leib tragen oder wer unsere Lebensmittel herstellt. Vielleicht gibt es da Menschen darunter, die Kinder mißbrauchen, bösartige Krankheiten haben, foltern und Kriege führen oder einer kriminellen Vereinigung angehören. Zurecht befürchtet hier niemand, daß etwas davon auf magische Weise in unseren Gebrauchsgegenständen steckt und geheimnisvoll mit dem Morgenkaffee in unser Inneres sickert. Und genausowenig kann dich ein Crowley anfechten, wenn du mit seiner Gedankenwelt nichts am Hut hast oder hattest!

Hier gebe ich jedoch die karmische Seite zu bedenken. Möglicherweise werden Menschen, die in früheren Inkarnationen mit dem Mißbrauch magischer Kräfte in Berührung gekommen sind, subtil wiedererinnert. Bei manchen löst allein schon das Wort Magie, das für mich lediglich ein wertfreies Synonym für die vitale Ur- und Schöpfungskraft des Kosmos ist, Ängste und Ablehnung aus.
Die Kraft als solche ist jedoch weder schwarz noch weiß. Was schwarz oder weiß ist, ist einzig der Charakter und die Absicht des

Kraftlenkers. Wohl gibt es auch einige Leute, die geradezu fasziniert davon sind, daß Crowley ein Schwarzmagier gewesen sein soll. Beide, die Ängstlichen und die Faszinierten verknüpfen offenbar *große Macht* mit der Magie und beide haben sie nicht begriffen, worin wirkliche geistige Macht besteht. Es führt zu weit, an dieser Stelle eine Diskussion über Macht und Magie einzubringen. Wer sich eingehender damit beschäftigen will, lese in den im Anhang empfohlenen Büchern dazu.

Hier sei nur soviel gesagt: ein Schwarzmagier ist nicht wahrhaft machtvoll, denn alles was er tut, dient irdischen Zwecken. Das kann für ihn ganz o.k. sein, aber dieser Mensch nimmt die Illusion der Getrenntheit für bare Münze. Er sieht nicht die spirituelle Einheit allen Seins und er fühlt keine innere Verbundenheit mit allen Wesen in der Liebe des Geistes. Oftmals steckt er in einem fatalen Existentialismus fest, wie alle, die sich selbst und andere weder lieben noch achten, sondern aus Haß und Zerstörung heraus agieren. Crowley hat seinen Mißbrauch der kosmischen Energie mit einer gehörigen geistigen Umnachtung teuer bezahlt. Aber wenn du Angst vor seinen Tarotkarten hast, solltest du sie natürlich nicht nehmen. Vielleicht lohnt sich aber die Frage, warum du diese Angst hast. Möglicherweise kommst du dabei uralten karmischen Anteilen deines Selbst auf die Spur.

Ich kann zu diesem Thema nur sagen, daß in den Tarotkarten selbst keinerlei Magie oder Macht steckt, weder weiße noch schwarze. Ebensowenig färbt böse Kraft von den Tarotkarten ab und geht auf die BenutzerInnen über. Vorurteile und völlig falsche Vorstellungen davon, was Magie wirklich ist und was sie vermag, führen zu dieser Frage.

Jeder Gegenstand kann für mich ein magisches Symbol werden, wenn ich ihn dazu mache. Ein Rosenquarz kann beispielsweise das Symbol für Herzensliebe sein. Wenn ich einen Rosenquarz mit diesem Gedanken trage, dann ist er dadurch plötzlich mehr als nur ein Schmuckstück. Er hat eine magische Bedeutsamkeit von mir bekommen, denn der Gedanke ist ja Energie. Diese wirkt nun unbewußt auf mich zurück und kann tatsächlich das Herz für die Liebe öffnen. Das hängt natürlich von meinem Glauben und von der emotionalen Energie ab, die ich dafür aufwende.

Wenn du nun von einem Tarotdeck glaubst, daß es dir schaden könnte, dann nimm' es natürlich nicht, denn für dich ist es dann negativ belegt und mit deinem negativen Glauben könntest du dir tatsächlich schaden und dein Wohlbefinden stören. Das gilt im übrigen auch für alles andere im Leben. Wenn du dich nicht wirklich wohlfühlst bei etwas, dann laß' es sein.

Zum Aufbau des Tarotdecks:

Wenn du den für dich richtigen Tarot gefunden hast, dann packe die Karten einmal in Ruhe aus und sieh sie dir genau an. Ein Tarotspiel besteht in der Regel aus 78 Karten. Wenn dein Spiel mehr als 78 oder doppelte Karten haben sollte, dann nimm die überzähligen heraus.

Die Zahl 78 ist 7 x 11 + 1. Die heilige Sieben steht für Weisheit und Wandel. Die Elf bezieht sich als Tierkreiszahl auf die offenbarte Welt. Von den zwölf Tierkreiszeichen steht immer eines hinter der Sonne und ist daher „unsichtbar", während die elf anderen sich zeigen. Die Eins schließlich bezieht sich auf den Ursprung, auf „Urkraft, die alles erschafft" oder auch auf das unsichtbare Zeichen des Tierkreises, dessen Prinzip gerade obwaltet. So steckt in der Zahl 78 eine vielschichtige Bedeutung und es gibt gute Gründe, die Anzahl der Tarotkarten nicht zu verändern.

Die Großen Arcana:

Es gibt 22 Trumpfkarten oder auch Große Arcana genannt (von lat. arcanum = Geheimnis). Du erkennst sie in den meisten Spielen daran, daß sie besondere Titel tragen wie z.B. der Magier, die Hohepriesterin, der Teufel, der Eremit usw. Sie sind durchnummeriert von 0 bis 21. Die Großen Arcana beschreiben den menschlichen Entwicklungsweg in bildhaften Symbolen oder Archetypen, die der Seele eingeprägt sind. Sie stellen den Individuationsweg dar, von der Geburt bis zur vollkommenen Reife eines Menschen.

Die Kleinen Arcana:

Die restlichen 56 Karten sind die Kleinen Arcana. Sie bestehen aus vier Farben oder Sätzen zu je 14 Karten. Die vier Sätze sind Stäbe (auch Zepter in manchen Tarotspielen genannt), Kelche (auch Schalen oder Kessel), Schwerter und Scheiben (oft auch Münzen oder Pentakel). Sie stehen mit den vier Elementen in Verbindung. Jeweils vier Karten von jedem Satz nennt man Hofkarten. Sie stellen König und Königin, Ritter, Prinz, Prinzessin o.ä. dar und bezeichnen Charaktereigenschaften oder Persönlichkeitsmerkmale. Die restlichen Karten eines jeden Satzes tragen Nummern von 1 bis 10. Die Kleinen Arcana zeigen die Menschen und Dinge, die vielfältigen Situationen des Alltags, gefärbt mit der Energie des jeweiligen Satzes oder Elements.

Manche, besonders schön und aufwendig gestaltete Tarotspiele (z.B. der Ansata-Tarot) bestehen nur aus den 22 Trümpfen. Du kannst diese Karten natürlich genauso verwenden, aber du wirst beim Kartenlegen weniger Deutungsspielraum haben, weil dir mit den Kleinen Arcana Bilder für die Alltagssituationen fehlen. Ich benutze sie immer dann, wenn ich lediglich die Trumpfkarten nach Entwicklungsschritten befragen will.

Bei deinem 78-Karten Spiel hast du also nun zwei Gruppen von Karten vor dir liegen, einmal die 22 durchnummerierten und betitelten Großen Arcana und dann die Kleinen Arcana mit je 14 Blatt der Stäbe, Kelche, Schwerter und Scheiben. Sehen wir uns zuerst die Trümpfe oder Großen Arcana genauer an...

Trumpfkarten: Drei Ebenen des Bewußtseins

Die Trümpfe symbolisieren den universalen Entwicklungsweg des Menschen. Wir alle durchschreiten diese *Stufen der Weisheit*, wie sie auch genannt werden, im Laufe unseres Lebens und das nicht nur einmal. Auch wenn am Ende die Erleuchtung steht, so ist dies dennoch kein Dauerzustand, der, wenn er einmal erreicht ist, ständig gleichbleibt. Im Laufe unseres Lebens erfahren wir viele Erleuchtungen. Jetzt werden manche LeserInnen widersprechen wollen, denn Erleuchtung muß so etwas Besonderes sein, daß nur Auserwählte in diesen Genuß gelangen. Dieser Ansicht bin ich nicht. Zumindest besitzt jeder Mensch das Potential, Erleuchtung bewußt zu erfahren. Aber sie kann auch unbewußt stattfinden und sich vielleicht erst Jahre danach offenbaren. Spirituelle Erleuchtung kann dich beim Fahrradputzen oder Geschirrspülen überraschen. Im Alltag und einfach so. Sie entzieht sich jedoch krampfhafter Suche und du verlierst sie wieder, wenn du sie als spirituellen Elitemaßstab benutzt.

Der Zen-Buddhismus nennt den Erleuchtungszustand Satori. Gemeint ist damit, als lebendiger Mensch in Einheit mit dem schöpferischen Urgrund zu sein. Satori sind flüchtige Augenblicke in unserem Leben, in denen wir das Sein eines göttlichen Geistes in uns und als zu uns gehörig spüren. In diesen Momenten sind wir ganz da: auf dieser Welt, in unserem Körper und bewußt mit dem Geist des Ganzen verbunden.

Dies kann wahrhaft kein Dauerzustand sein, denn unser modernes Leben ist so organisiert, daß wir schon bald wieder darauf zurückfallen, das Göttliche oder wie auch immer du es nennen magst, auf ein Wesen zu projizieren, das weit außerhalb von uns, tief im Universum verborgen wohnt. Wir sprechen dann von einem göttlichen Willen, der nicht der unsere ist, dem wir aber folgen müssen und der uns mittels verschiedener Aufgaben prüft. Die meiste Zeit unseres Lebens spüren wir unsere Zugehörigkeit zum Ganzen nicht, sondern ein Getrenntsein vom Lauf des Lebens, von den anderen Menschen und vom schöpferischen Urgrund, aus dem wir hervorgegangen sind. Wir erleiden unser Schicksal, an dem wir uns völlig unbeteiligt fühlen und das uns wie von außen anbefohlen vorkommt. Manchmal sehen wir uns hochmütig als Gesandte des göttlichen Willens und blasen uns auf, die endgültige Wahrheit des Kosmos zu kennen, ein andermal fühlen wir uns von allen guten Geistern verlassen, hilflos, einsam und unwissend.

Und doch sind wir alle Wanderer auf dem einen Weg. Jeder Mensch geht diesen Weg auf ureigenste Weise und macht dabei die vielfältigsten Erfahrungen, die sich von denen der anderen Mitreisenden unterscheiden. Doch die verschiedenen Erfahrungen der konkreten Wirklichkeit sind letztlich Ausformungen ein und derselben Reise zum Licht. Wenn wir Satori erfahren, werfen wir einen kurzen Blick auf dieses Licht, aus dem wir gekommen sind, dem wir ungetrennt angehören und zu dem wir wieder zurückkehren.

Diese Widersprüchlichkeit, daß wir uns getrennt fühlen, obwohl wir dem Einen ungetrennt angehören, liegt in der Natur des Menschen. Wenn wir geboren werden, fühlen wir uns noch mit allem vereint. Erst später lernen wir Grenzen kennen und das Getrenntsein. Wir entwickeln Begriffe wie ich und du und unser Leben zerfällt in Dualität. Daran halten die meisten fest, denn dieses System schafft Ordnung und diese bietet wiederum Sicherheit. Reiner Materialismus bedeutet, die Zugehörigkeit zu dem alles vereinenden schöpferischen Urgrund völlig zu vergessen. Doch wir besitzen die Chance, die verlorene Verbindung wiederherzustellen. Wir müssen uns wieder daran erinnern.

Es ist gut, daß wir als rein körperlich orientierte Wesen zur Welt kommen, in dem Gefühl, mit allem verbunden zu sein. Es macht Sinn, daß wir das Leben als erstes von der ganz materiehaften Seite erlernen müssen, bevor wir ein höheres Bewußtsein und eine tiefere Erkenntnis des Seins entwickeln können. Erst dadurch wird das Licht des Bewußtseins in die materielle Welt integriert. In diesem Sinne heißt Erleuchtung, das Leben in seiner Ganzheit bewußt zu erfahren, was bedeutet, daß wir uns an den Zustand des Vereintseins, den wir ganz früher einmal besaßen, wieder erinnern und ihn als Grundlage unserer äußeren Erfahrungen erkennen. Wenn wir den unendlichen schöpferischen Urgrund des Universums hinter den Dingen erspüren können, erlangt unser Leben und die materielle Wirklichkeit einen tieferen Sinn für uns. Diesen Zustand symbolisiert die Karte Die Welt. Bis wir dorthin gelangen, müssen wir uns jedoch durch die Entwicklungsstufen, die die anderen Karten darstellen, hindurcharbeiten. Erkenntnis wird uns nicht geschenkt und wahre Weisheit erlangen wir nur durch die konkreten Erfahrungen des Lebens.

Für mich ist es schlüssig und sinnvoll, die Entwicklungsreise der Großen Arcana in **drei Ebenen** einzuteilen:

Die erste mit den Karten von 1 bis 7 ist die *Ebene des Ursprungs*. In diese Ebene werden alle Menschen hineingeboren und bis zur Karte 7 der Wagen müssen wir uns alle durcharbeiten, um ein eigenes, wenn auch noch recht unbewußtes Handeln zu erlangen.

Die zweite ist die *Ebene der bewußten Erfahrung*. Sie beinhaltet Erfahrungen und Tatsachen des Lebens mit denen wir uns zu einem gewissen Zeitpunkt, der für jeden Menschen verschieden ist, auseinandersetzen müssen. Wir finden hier innere und äußere Gesetze, die für ein funktionierendes Leben notwendig sind, wir begegnen unserer Kraft und auch der Tatsache des Todes. Ein Mensch, der diese Stufen durchlebt und angenommen hat, führt bereits ein bewußteres Leben, als auf der Stufe des Wagens, aber es fehlt immer noch ein wichtiger Teil zur Ganzheit.

Die dritte Ebene ist der schwierigste Abschnitt unserer Reise. Es ist die *Ebene des Unbewußten*. Verstandesorientiert wie wir sind, macht uns das Unbewußte angst, weil wir es nicht wiegen oder messen, geschweige denn vollends verstehen oder kontrollieren können. Dieser Ebene nähern sich nicht alle Menschen von selbst. Meist halten wir mit viel Energieverbrauch eine Mauer nach drüben aufrecht. Es kommt aber vor, daß Energien aus dem Unbewußten, Persönlichkeitsteile, die wir dorthin verbannt haben, nach uns greifen. Wir werden dann in Erfahrungen verwickelt, die wir nicht planen oder beeinflussen können, die uns aber zu einem Verständnis dieser Bereiche führen sollen. Die dritte Reihe der Trumpfkarten zeigt uns, was wir im Unbewußten vorfinden. Das sind allesamt Inhalte, die wir in unserem normalen Leben entweder nicht haben möchten, die wir vergessen haben oder wo es uns auch unangenehm wäre, wenn wir uns damit befassen müßten. Hier finden wir nicht nur den Zustand des Vereintseins mit dem Ganzen, die Erleuchtung, sondern auch unsere Ängste und unsere Schattenseiten.

Diese drei Ebenen ergeben zusammen 21 Karten, es fehlt also noch eine aus den Großen Arcana. Die Karte 0, der Narr bleibt außen vor. Erstens ist die 0 kein wirklicher Zahlenwert, sie zählt nicht wie die anderen und zweitens ist der Narr das Symbol des Wanderers. Mit der Wandersfrau bzw. dem Wandersmann können wir uns alle identifizieren, denn wir alle sind Wanderer auf dem Großen Weg. Der Narr des Tarot soll dein Symbol sein, wenn du nun lesend und schauend die Karten der Großen Arcana erwanderst, denn genau wie er bist auch du auf Wanderschaft und Suche. Beginne mit dem Narren, denn mit der Nicht-Zahl 0 beginnt alles, hier fangen alle Veränderungen an und das ist auch ein Beginn bei dir selbst.

Der klassische Narr im Tarot ist zumeist männlich. Wenn du eine auf gängige Herrschaftsstrukturen sensibilisierte Frau bist, dann stört es dich vielleicht, daß du dich (wieder einmal!) mit einer männlichen Figur identifizieren sollst. Betrachte ihn einfach als deine innere Närrin. Wenn du willst, beschrifte deine Karte um. Alle Tarottrümpfe, wie auch die Hofkarten, sind auf tieferer Ebene unpersönliche Aspekte deines Inneren, die sich nicht ausschließlich auf Männer oder Frauen getrennt beziehen. So können sich beispielsweise die Qualitäten der Herrscherin ebenso auf einen Mann beziehen, wie die des Herrschers auf eine Frau.

Am Ende jeder Beschreibung zu den Trümpfen findest du noch eine Reihe Stichworte zu jeder Karte. Sie sollen als zusätzliche Assoziationshilfe zur Kurzdeutung dienen. Du findest positive, wertneutrale sowie negative Bedeutungen zu jeder Karte. Letztere kommen vor allem dann in Frage, wenn du eine bestimmte Haltung übertreibst oder darauf bestehst, einen Archetyp zur falschen Zeit am falschen Ort zu leben. Dann forderst du die Kraft der Karte quasi heraus und sie stellt sich dir als Mahnung entgegen.

Die Trümpfe sind Stufen, Phasen oder auch Rollen, in die wir schlüpfen können, ja sogar müssen. In uns stecken stets alle 22 Möglichkeiten und im Laufe des Lebens (nach so mancher Übertreibung) lernen wir, mit diesen Kräften richtig umzugehen.

Allgemeines zur Bildbetrachtung:

Für die Praxis des intuitiven Tarot ist es wichtig, jedes Kartenbild genau zu betrachten, denn schließlich ist es ja *deine* Sicht, die die Deutung ausmacht. Ein paar allgemeine Grundlagen gibt es auch hierfür.

In unserer Kultur schreiben und lesen wir von links nach rechts. Auch ein Bild hat eine Leserichtung. So scheinen Figuren, die sich in der normalen Lesart, also von links nach rechts bewegen, vorwärts zu wandern, während jene die beispielsweise nach links blicken anscheinend rückwärts schauen. So kann eine Tarotfigur sich also der Zukunft (nach rechts) oder der Vergangenheit (nach links) zuwenden.

Links und rechts könnte auch mit unbewußt/bewußt übersetzt werden, oder mit intuitiv/rational. Die linke Körperhälfte ist die Seite des Unbewußten, rechts, das „schöne Händchen", ist Ausdruck für Bewußtsein. Auch die Handleserinnen sehen in der linken Hand die Vergangenheit, rechts jedoch Gegenwart und Zukunft.

Blickt eine Tarotfigur dich frontal an, so scheint es zur Konfrontation damit zu kommen. Manche Figuren drücken auf diese Weise Unausweichlichkeit oder auch Unüberwindbarkeit aus. Andere Bilder sind so gestaltet, als würde man einfach nur zusehen, wie bei einem Film. Auch dies beeinflußt deine Empfindungen bei der Deutung.

Stehst du außen oder spielst du in dem Film eine Rolle? Einige Figuren siehst du nur von hinten, sie drehen dir als Betrachter/in den Rücken zu, wenden sich von etwas ab. Blickst du jemand nach? Oder wendest du dich selbst ab, weil das Bild im Grunde dich spiegelt? Rechts und links, vorn und hinten spielen also bei den Tarotbildern ein große Rolle und sind sehr aussagekräftig. Vielleicht blicken sich zwei Tarotfiguren auf verschiedenen Karten sinnfällig an, wenn sie in deinem Legemuster nebeneinander zu liegen kommen. Auch das kann bedeutsam sein.

Achte auch auf die Haltungen und den Gesichtsausdruck der abgebildeten Personen. Wie kommen sie dir vor? Sind es junge Leute oder ältere, reifere Menschen. Ein junger Mensch kann dynamisch oder aber unerfahren sein, während ein älterer vielleicht weise oder aber konservativ sein mag. All diese Eindrücke, die ein Bild dir vermittelt, gehören zu deiner persönlichen Deutung der Karte. Selbstverständlich sind auch die Farben von Belang, doch dazu in einem späteren Kapitel mehr.

0 Der Narr:
Zeitspringer - Lichtbringer

Die Karte 0 (in manchen Spielen auch die 22), der Narr, ist der einzige der Trümpfe, der sich in unseren heutigen Spielkarten ebenfalls noch findet, nämlich als Joker. Der Joker kann jede andere Karte beim Kartenspielen ersetzen, geradeso als ob er in jede beliebige Rolle schlüpfen könnte. Ihm steht das gesamte Spektrum der Möglichkeiten zur Verfügung, während die anderen Karten feste Plätze haben.

Vielleicht hast du einen Narren in deinem Tarot, der diese Thematik darstellt, wie z.B. der des Crowley-Tarot. Tausend Dinge sind um ihn herum abgebildet und er greift nach all diesen Sachen. Der Narr strahlt eine Was-kostet-die-Welt-Stimmung aus, voller Energie und Ideen. In der Tat hält der Narr die ganze Welt in Händen. Er symbolisiert das gesamte Potential, das dir zur Verfügung steht. Der Narr ist wie ein Kind, dem das Leben mit all seinen Möglichkeiten noch unverbaut offen steht. Es sind noch keine Weichen gestellt, noch keine Entscheidungen getroffen, alles ist möglich. Wir alle kommen als Narr zur Welt und durchwandern dann die verschiedenen Stufen der Entwicklung, so wie unser Tarot-Narr die Rollen der Trumpfkarten einnimmt und dadurch wächst und lernt. Da auf der Stufe des Narren nichts festgelegt ist, hat er auch keinen Plan, nach dem er vorgeht. Er verläßt sich auf seinen Instinkt, der ihn geradewegs der Nase nach führt. Wer kein Ziel hat, der wird sich auch nicht verirren!

In vielen Tarotspielen schaut der Narr nicht auf seinen Weg. Dafür hat er aber ein Tier als Begleiter dabei, das seinen wachen Instinkt symbolisiert. Es wird ihn warnen, wenn Gefahr droht. Das jeweilige Tier gibt Aufschluß über die Beschaffenheit des Instinkts deines Narren. Die einzelnen Tarotspiele unterscheiden sich durch solche Details. Hat dein Narr eine Katze oder einen Hund dabei? Oder ein ganz anderes Tier, ein Fabelwesen vielleicht? Landläufig werden der Katze andere Eigenschaften nachgesagt als dem Hund. Die Katze gilt als freiheitsliebend und einzelgängerisch, eigenwillig. Sie ist vorzugsweise das Tier, in das sich Hexen verwandeln. Der Hund hingegen ist ein treuer, braver Genosse, der Zuspruch und Gesellschaft liebt und dem Menschen oft auch bei der Arbeit hilft. Ebenso wie sich die Tiere unterscheiden, hat auch der Katzenfreund ein anderes Profil als der Hundebesitzer. Krokodile und andere Raubtiere sind dem Narren möglicherweise nicht freundlich gesonnen. Doch vielleicht ist dein Narr ja ein Dompteur, der mit diesen gefährlichen Tieren geschickt umgehen kann. Angsterzeugende Tiere oder Wesen auf den Tarottrümpfen stellen Schattenteile unserer Psyche dar. Der leichtfüßige Narr macht sich wenig Gedanken darüber, oft läßt er diesen Tieren einfach ihren Lauf oder er beachtet sie gar nicht.

Alles was der Narr tut, macht er freiwillig. Er läßt sich nicht zwingen oder festnageln. Wenn es ihm zu eng wird, wandert er einfach weiter, vogelfrei, wie er ist. Als Repräsentant deiner Phantasie ist er eine äußerst vielschichtige Figur, die sofort in eine andere Rolle schlüpft, wenn ihr diese besser für die Erfüllung ihrer Wünsche geeignet erscheint.

Der Narr verbindet dich mit deiner Ideenwelt und bringt durch Inspiration Farbe in den grauen Alltag. Wie ein Kind spielt er mit Phantasien und kümmert sich wenig um die Machbarkeit der Ideen. Das ist die Aufgabe anderer, aber unser Narr ist meist schon ein Stück weitergegangen, wenn es darum geht etwas auszuführen, was genaues Durchdenken und planvolles Handeln erfordert. Im schlimmen Fall ist er zu voreilig, sagt oder tut etwas, ohne sich um die Konsequenzen zu kümmern. Wenn du den inneren Narren arg über die Stränge schlagen läßt, kann er dir auf diese Weise schaden.

Seine große Stärke ist die Intuition, von der er sich führen läßt. Oft wird er auch mit unserem innersten Wesenskern, dem Höheren Selbst, verglichen. Unser Höheres Selbst ist der unsterbliche Bestandteil in uns. Da der Narr als einziger der Trümpfe den Sprung durch die Zeiten bis in unsere heutigen Tage geschafft hat, können wir ihm durchaus so etwas wie Unsterblichkeit bescheinigen. Du kannst dich von deinem inneren Narren vertrauensvoll führen lassen, auch oder gerade wenn du in einer Situation steckst, in der dein Verstand ängstlich nach Sicherheiten sucht. Dann bringt dir der Narr frische Energie und den Mut, ins kalte Wasser zu springen und etwas Neues auszuprobieren.

„Kinder und Narren sagen die Wahrheit!" so lautet ein altes Sprichwort. Auch der Narr des Tarot lügt nicht. Weil er nichts plant ist er auch nicht berechnend. Durch seine Klarheit und Offenheit fungiert er oft als Lichtbringer, d.h. er schafft unbewußte Dinge ans Licht des Bewußtseins. Die Hofnarren früherer Zeiten konnten es sich gefahrlos herausnehmen, auch unangenehme Wahrheiten auszusprechen, die niemand sonst zu sagen wagte, Ja, sie sollten sogar ihre Wahrnehmungen und Meinungen zum besten geben und hatten dadurch oft auch großen Einfluß auf die Herrscher.

Sieh dir deinen Narren gut an. Meist trägt er ein buntes, phantasievolles Narrengewand, das sich von der üblichen Konfektionsoberbekleidung deutlich unterscheidet und er befindet sich auf der Wanderschaft. Es ist nicht unwesentlich, ob er nach rechts oder links schaut oder wandert. Nach rechts wendet er sich dem Bewußtsein zu, rechts ist (bei Rechtshändern) die aktive Seite. Dieser Narr sucht sein Glück in der Welt draußen. Läuft er nach links, so führt ihn sein Weg ins Unbewußte. Er macht sich nach innen auf die Suche.
Doch sowohl der, der sich aktiv den äußeren Erfahrungen zuwendet, wie auch der andere, der vielleicht mit der Schwermut und Ernsthaftigkeit, die Clowns oft eigen ist, sich dem Unbewußten zuwendet, beide stehen sie außerhalb der festgefügten Ordnung unserer Gesellschaft. Der Aussteiger-Narr, der anarchische Geist, der nur tut, was ihm gefällt, bedroht die Grundfesten der Leistungsgesellschaft ebenso, wie der Sucher in der Tiefe, der sich zeitraubend bemüht, seinen wahren Weg zu finden und der dazu sein gesichertes Leben völlig umkrempelt, um der inneren Wahrheit zu folgen. Für den Narren ist es ein Leichtes, Job und feste Bindungen aufzugeben, um dem Ruf nach Verwandlung und Wachstum nachzukommen, egal ob er in seinem Inneren oder außen erklingt.

Wenn wir auf der Stufe des Narren unseren Eingebungen folgen, so ist dies oft mit Angst verbunden. Wir fürchten den Widerstand derer, die sich provoziert fühlen oder bekommen Angst vor unseren eigenen inneren Zweifeln und Schuldgefühlen, die stets dann auftauchen, wenn wir einmal genau das tun, was wir gerne tun möchten. Andererseits, wenn wir dem Impuls nach Veränderung nicht folgen, fühlen wir uns auch nicht besser. So kann der Narr eine unruhige Zeit der Suche und des Zweifels, welche Entscheidung wohl die Richtige ist, anzeigen.

Das geht meist so lange, bis du bereit bist, dich vom Narren mitreißen und begeistern zu lassen. Er läßt auch nicht locker, sondern taucht so oft in deinen Tarotkarten auf, bis du ihm folgst. Die Großen Arcana zeigen wichtige Schritte an, denen du dich nicht entziehen kannst.

Jede Tarotkarte kann bei Übertreibung in ihr Gegenteil umschlagen. Der Narr könnte dich unüberlegt und voreilig machen. Sein freies Wesen führt mitunter zu Planlosigkeit und wenn du nicht aufpaßt, bist du im Zustand des Narren zu arglos und unvorsichtig. Dann verlierst du den Zugang zu deiner Intuition und fühlst vielleicht die Hilflosigkeit deines inneren Kindes. Dies wiederum macht Angst und als ängstlicher Narr büßt du deine Selbstsicherheit ein. Du brauchst dann neuen Glauben an dich selbst und an das Gute im Leben, damit du wieder zu Vertrauen und Zuversicht kommst.

Beim Kartenlegen sagt dir die Position einer Tarotkarte im Legemuster etwas über ihre momentane Aussage. Je nach Stellung verhält sie sich unterschiedlich und du mußt selbst entscheiden, ob dir der Narr zeigt, daß du in Verbindung mit Intuition und Phantasie bist oder ob er dir einen Streich spielen will und du dich vor ihm in Acht nehmen solltest. Meist ist der Narr jedoch ein gutes Zeichen, wenn du ihn beim Kartenlegen ziehst.

Astrologisch ordne ich dem Narren das Prinzip des Planeten Uranus zu. Viele der oben genannten Eigenschaften des Narren gehören hierher. Im Horoskop ist Uranus der Revolutionär, der Veränderer und Erneuerer. Er symbolisiert den Sinn für Individualität und Originalität. Er hilft dir, konditionierte Strukturen aufzubrechen und widersteht jeglicher Form von Autorität. Uranus zeigt die eingefahrenen Gleise belastender Routine und ist in diesem Sinne auch der Heiler, der die Menschen zurückführt auf ihren Weg, von dem sie abgekommen sind.

Mit der Null symbolisiert der Narr den Beginn und steht an der Spitze der Großen Arcana. Die Null ist mit dem Kreis verwandt, dem Symbol für Vollkommenheit. Der Narr verfügt somit potentiell über die Vollkommenheit, die wir in der Karte die Welt sehen. Mit der Zahl 22 rückt der Narr in manchen Spielen ans Ende der Trümpfe. Auch hier ist er mit der Karte Welt verwandt, nämlich als ihr Gegenstück, nur daß er sich dessen noch nicht bewußt ist. Wir könnten den Narren als materielle Form der Welt betrachten, die ihrerseits die spirituelle Vollkommenheit zeigt. Es ist jedoch gleichgültig, ob der Narr am Anfang oder Ende steht. Wenn wir die Großen Arcana als Kreislauf betrachten, der sich ständig wiederholt, so ist der Narr stets das Bindeglied zwischen zwei Zyklen und der Wanderer durch die Zeiten. Mitunter macht er dabei auch gewaltige Sprünge in andere Dimensionen.

Versuche, dich in die Figur des Narren auf deiner Tarotkarte einzufühlen. Achte auf die Stimmung der Farben und präge dir ein, was du gerade fühlst. Dadurch programmierst du dein erstes Tarotsymbol. Suche auf deiner Tarotkarte nach Bildern und Symbolen für die beschriebenen Eigenschaften deines Narren. Du kannst den Narren auch ein paar Tage an einen Platz legen, wo du ihn häufig siehst oder die Karte mitnehmen und öfters betrachten. Stell dir vor, du wärst der Narr und hättest gerade jetzt seine Leichtigkeit und Lebenslust. Erlaube dir jeden Tag ein wenig mehr davon, versuche ruhig einmal, so spontan wie der Narr zu sein. So wie früher der Hofnarr unter dem Schutz des Königs stand, so stehst auch du unter dem spirituellen Schutz deines Höheren Selbst, das dich auf deinen richtigen Weg führt.

Die Weisheit des Narren lautet: Die meisten Menschen leben so, als würde sie am Ende ihres Weges ein besonderes Ziel erwarten, das sie für alle Mühen und Opfer auf dem Weg entlohnt. Dem ist aber nicht so. Kein Weg führt an ein besonderes Ziel. Ob du einen Weg von Herzen gehst oder ob du dich leidvoll und widerstrebend dahinschleppst, liegt allein in deiner Entscheidung und Verantwortung. Kein Weg ist besser als der andere. Jeder Weg führt nirgendwohin. Einzig wie du gehst, ist entscheidend.

Stichworte: Freiheit, Individualismus, Ideenreichtum, Mut, der „Sprung ins kalte Wasser", Leichtsinn, Unerfahrenheit, Ziellosigkeit, blinde Faszination

Die Ebene des Ursprungs

Hier beginnt die Entdeckungs- und Entwicklungsreise unseres Narren oder unserer Närrin und diesen ersten Teil bewältigen sie vermutlich mit links, also rein intuitiv und ohne viel nachzudenken. In dieser Reihe findest du die beiden Aspekte des Seins, die ersten Begegnungen mit der Außenwelt und die ersten eigenständigen Schritte eines Menschen.

Diese Ebene könntest du auch mit Kindheit, Jugend und dem äußerlichen Erwachsenwerden oder dem Erreichen der Volljährigkeit umschreiben. Das ist aber nur eine der Bedeutungen der Ebene des Ursprungs. Auf individuelle Situationen bezogen, können die Karten dieser Reihe auch den Anfang eines Projekts oder eines neuen Lebensabschnittes beschreiben.

Ich gruppiere die Karten innerhalb jeder Ebene nochmals in Zweier- oder Dreiergruppen, die unter einem eigenen Motto stehen. Diese Karten gehören sinnvollerweise zusammen, und oft bedingen sie einander beim Kartenlegen auch gegenseitig.

Manchmal erscheint eine Gruppe auf einmal in einem Legemuster, ein anderes Mal vielleicht nacheinander über einen längeren Zeitraum hinweg, wenn du dir mehrmals die Karten legst. Beachte beim Kartendeuten auch die Karten einer Gruppe, die nicht bzw. noch nicht aufliegen. Wenn du z.B. den Turm ziehst, so kannst du sicher sein, daß auch bald der Stern folgt, während dir der Engel der Mäßigkeit, die Karte 14, meist nach einer äußeren Veränderung, einem Prozeß des Loslassens wie ihn der Tod beschreibt, begegnet. Auf diese Weise kannst du noch tiefer in die Bedeutungen deiner Legemuster eindringen.

1 Der Magier, 2 Die Hohepriesterin:
Ich bin eins und doch bin ich beide!

Der Magier und die Hohepriesterin (in manchen Spielen heißt sie auch Päpstin) bilden ein sich ergänzendes Duo. Hier verbindet sich das Prinzip des Handelns und der Schaffenskraft (Magier) mit dem Prinzip des Geistigen und des Wissens über die Geheimnisse hinter den Dingen (Hohepriesterin). Dies sind die ersten beiden Kräfte, denen der Narr nach seinem Sprung ins Leben in sich selbst begegnet.

Schau dir deinen Magier genauer an. Vielleicht hast du einen bunten Gaukler oder aber einen Zauberer, der mit großer Geste Himmel und Erde beschwört. Meist ist der Magier ein junger Mann, d.h. er besitzt noch nicht die Weisheit vieler gemachter Erfahrungen. Er kommt ja auch gleich nach der Karte 0, dem Narren. Der Narr ist unser Wanderer auf dem Weg über die Stufen der Weisheit und Verwandlung. Voller Unrast sucht er und wenn er gefunden hat, treibt es ihn weiter. Im Magier findet seine ziellose Energie erstmals Form und Ordnung.

Der Magier weiß genau, was er erreichen will und kennt seine Fertigkeiten, die er gezielt plant und einsetzt. Er symbolisiert den Beginn von Verwirklichung, den Anfang von Handlung. Dort, wo der

Narr noch träumt: „Ich will Großes erreichen!" weiß der Magier bereits genau: „Wenn ich eine Computerausbildung mache, dann kann ich bei Firma X einsteigen und die Zukunft ist gesichert." Ob diese Rechnung nun aufgeht, das zeigt erst die Erfahrung, aber immerhin bewirkt der Magier ganz konkretes und realitätsbezogenes Handeln. Die Ideenphase ist abgeschlossen, jetzt kannst du mit der Umsetzung beginnen.

Der Magier ist der extrovertierte Macher unter den Tarotkarten. Er ist ein Profi auf seinem Gebiet und daher weniger ungezwungen und spontan als der Narr. Er weiß, was es zu beachten gilt und erwartet, daß seine Aktionen funktionieren. Der Narr geht über Fehlschläge lachend hinweg, der Magier reagiert tief betroffen, wenn etwas danebengeht. Er ist darauf angewiesen sein Gesicht nicht zu verlieren. Die Dinge, die er anfängt will er unter Kontrolle haben, was ihn auch zu Manipulation verleiten könnte.

Magie, also Schöpferkraft, ist sein Spezialgebiet. Magische Rituale sind eine Form von angewandter Psychologie. Sie bezwecken nichts Geringeres als die Formung des Unbewußten in der Symbolsprache unseres Höheren Selbst. Als Kinder waren wir dieser Sprache noch mächtig und unser magisches Denken konnte die Realität noch verwandeln in alles was wir uns vorstellen konnten. Da wurde aus einem Stock ein Pferd und aus einem Stückchen Holz ein Lastwagen. Der Magier regiert diese große Vorstellungskraft in uns und verfügt darüber hinaus noch über das Ideenpotential zur Durchführung. Er repräsentiert den Teil von dir, der ganz sicher weiß, was getan werden muß, um die Wunder und Segnungen des Lebens zu dir ins Haus zu holen. Er öffnet genau die schöpferischen Quellen in dir, die jetzt zum Fließen gebracht werden müssen.

Doch der Magier ist nicht ausschließlich der gute und edle, wunderwirkende Zauberer. Wenn ihm Disziplin fehlt, kann seine Magie leicht in Aberglauben und gedankenlosen Unsinn oder in Negativität abgleiten. Auch ist sein Charakter dem des Narren noch recht ähnlich. Vielleicht hat dein Magier ein buntscheckiges Flickenkleid an, das ihn als Gaukler entlarvt, der auf dem Jahrmarkt dem Publikum mit seinen

Illusionen das Geld aus der Tasche lockt. Schau ihm genau ins Gesicht, möglicherweise zwinkert er dir schelmisch zu, bevor er dich über den Tisch zieht. Er kann dir auch als Schwätzer oder Besserwisser begegnen (sowohl in dir selbst als auch in anderen) der nur zu genau weiß, was die anderen zu tun haben.

Ein solcher Magier sollte von der Hohepriesterin Techniken zur Meditation und Innenschau lernen, damit er wieder zur Ruhe kommt und Wesentliches von Unwesentlichem unterscheiden lernt. In seinem negativen Ausdruck neigt er dazu, 100 Sachen anzufangen, aber nichts davon richtig. Oder er schmiedet undurchführbare Pläne, wenn er den Bezug zum Boden der Realität verloren hat.

Aber auch wenn er Unsinn redet und Unmögliches möglich machen will, der Magier ist stets ein Symbol für Schöpfung und Kreativität, für aktives Handeln und Kommunizieren, für Denken und Planen. Er ist eine gute Karte für den Beginn einer Sache und er gibt dir die nötige Anfangskraft. Auf einer tieferen Ebene repräsentiert er den Impuls für das ewige Erschaffen der Formen des Universums. Der Ursprung, der Zündfunke, der Same und auch der Punkt sind Bilder des Magiers. Rot und Gelb sind seine Farben. Seine Zahl ist die Eins, die Einheit, die alle Kräfte auf das Ziel ausrichtet, auf das sein Zauberstab weist, an dessen Spitze sich die Kräfte auf einem Punkt konzentrieren.

Astrologisch steht der Magier unter dem Einfluß von Sonne und Merkur. Die Sonne ist unser vitaler Lebenskern, unsere Grundenergie, unser Wille und Selbstausdruck. Merkur, der Götterbote schafft Verbindungen zwischen dir und dem was du erreichen willst, er transportiert die Impulse z.B. aus deinem Gehirn zur Hand, die dann die richtigen Hebel in Bewegung setzt. Merkur ist der Gott der Kaufleute und lustigerweise auch der Diebe. Immer wenn es etwas zu beschaffen gilt, wird Merkur aktiv.

Stichworte: Beginn, Zündfunke, Aktivität, Yang, Zielgerichtetheit, Schaffenskraft, Bewußtsein, Hyperaktivität, Nervosität, Machtwille

Die weibliche Ergänzung zum Magier ist die Hohepriesterin. Sie steht für das Geistige, für das Mysterium der Schöpfung und für das Wissen, daß die physische Welt des Magiers nicht alles ist. Sie weiß, daß es ein subtiles Netz von Kräften hinter dem Vorhang der sichtbaren Realität gibt, die unser Leben beeinflussen und lenken. Sie kennt die objektive Wahrheit des Kosmos.

Die Hohepriesterin hütet aber auch dieses Wissen, denn es kann für eine unbewußte Seele ein Schock sein, plötzlich hinter den Vorhang zu blicken. Auf der psychologischen Ebene symbolisiert sie nämlich das Unbewußte (der Magier hingegen das Bewußtsein). In unserem individuellen Unbewußten verstauen wir alles, was wir nicht gern ansehen möchten: unangenehme Eigenschaften, Verletzungen, traumatische Erlebnisse aus der Kindheit usw. Diese Inhalte können uns überschwemmen und zu Depressionen führen, wenn sie unkontrolliert und massiv hervorbrechen. Ein Beispiel dafür sind z.B. Alpträume. Hierbei kommen verschlüsselte Bilder aus dem Unbewußten hervor, die uns in Angst und Schrecken versetzen. Wir können uns oft nur durch Rückkehr ins Bewußtsein, nämlich durch Aufwachen, davor retten. Es bedarf intensiver Erkenntnisarbeit, um mit diesen Bildern in unserem Unbewußten angstfrei umgehen zu können.

Die Hohepriesterin symbolisiert deine Ahnungen und die Intuition. Im Zeichen der Hohepriesterin bist du stark mit deiner inneren Stimme verbunden, du ahnst, was das Richtige ist und solltest auch so handeln, wie deine Ahnungen es dir eingeben. Du profitierst von dieser erweiterten Wahrnehmung, wenn du sie beachtest und danach handelst. Die Hohepriesterin ist die Meditierende, die Seiende, die Spirituelle. Sie symbolisiert somit auch Autonomie und die weibliche Kraft des inneren Wissens.

In unserer Gesellschaft besitzt der ewig plappernde und rechnende Verstand eine Vormachtstellung, so daß wir oft taub sind für leise zarte Töne. Wir haben die Fähigkeit verloren, die Stille zu hören. Die Hohepriesterin jedoch horcht nach innen. Ruhe und Stille ist ihrem Wesen eigen. Wenn sie diesen Zustand jedoch übertreibt, spricht sie mit niemandem mehr, kapselt sich ab und lebt nur in ihrer Innenwelt.

Dann sollte sie sich vom Magier eine Scheibe abschneiden und wieder eintauchen in die physische Welt der greifbaren Impulse und Reize.

Ihre Farben sind Blau und Violett. Die Zwei ist ihre Zahl. Zweiheit, Dualität, jedes Ding hat zwei Seiten. Wasser, Mondnächte und auch die Linie, die den Weg zwischen zwei Punkten markiert, gehören zu ihren Bildern. Zu zweit bilden der Magier und die Hohepriesterin eine Einheit, ähnlich dem chinesischen Yin und Yang. Für die östlichen Religionen ist eine Sache ohne ihren Gegensatz nicht denkbar. Immer steckt ein Quentchen von der berühmten Kehrseite der Medaille in aller Offenbarung des Lebens und so gehört zum Tag die Nacht, zum Hellen das Dunkle, zur Geburt der Tod usw.

Die Hohepriesterin ist dem Mond zugeordnet, der im Horoskop das unbewußte Selbst und unsere Gefühlsseite repräsentiert. Der Mond (wie auch die Frau) bewahrt das Wissen um die Zyklen von Werden und Vergehen. Der Mond war sicherlich der erste Himmelskörper, den die Menschen studiert haben. Alle Urreligionen und Mythen basieren auf dem Mond und seinen Zyklen. Der Mond ist aber nicht nur mit den Frauen, sondern auch mit den Abläufen in der Natur und mit der Zeitrechung verbunden. Seit Vorzeiten wußten die Bauern und Gärtner, die Heilfrauen und Hexen um die richtigen Saat- und Erntezeiten unter bestimmten Mondstellungen. Der Mond bewegt Flüssigkeiten, sowohl in unserem Körper, als auch auf der Erdkugel. Aber auch die Wasser des Unbewußten kann er in Wallung bringen. So sind viele Menschen bei Vollmond besonders nervös, depressiv oder energiereich, je nach persönlicher Veranlagung.

Stichworte: Intuition, Phantasie, Yin, Empfänglichkeit, Meditation, das Unbewußte, Seelenwelt, Passivität, Verträumtheit, Subjektivität

Der Magier und die Hohepriesterin stellen die männliche und weibliche Seite in uns allen dar. Egal ob du Frau oder Mann bist, du trägst deine Gegenseite in dir. Erst durch Integration und Ergänzung deiner beiden Seiten bist du ganz. Der Magier und die Hohepriesterin müssen in dir ausgewogen zusammenarbeiten, damit du deine Ziele erreichst. Du brauchst, ob Frau oder Mann, sowohl aktive Schaffenskraft und den Mut, Dinge in der Außenwelt in Angriff zu nehmen, wie auch das Horchen nach innen und die Verbindung zu deiner Intuition und Empfindsamkeit, um im Leben bestehen zu können.

Die patriarchale Kultur hat hier eine Spaltung verursacht und die Eigenschaften des Magiers allein Männern verordnet, während sie Frauen auf die passive Rolle der Hohepriesterin festlegt. Dieses Rollenbild verlangt von Männern, daß sie stets die Macher im Vordergrund der Gesellschaft (Arbeitswelt, Öffentlichkeit, Politik usw.) sind. Frauen hingegen sollen den Hintergrund (Heim, Herd, das Soziale usw.) bestellen. Diese Aufspaltung in Männer- und Frauenwelt wirkt nicht nur im Außen trennend, sondern auch in uns. Das kulturelle Vorbild existiert auch in jedem einzelnen Menschen und trennt unsere Fähigkeit zu intuitiver Wahrnehmung von unserem Handeln, ja es trennt uns von unserer spirituellen Basis.

Zunehmend werden wir uns jedoch dieser Umstände bewußt. Frauen beginnen, aktiv zu werden wie der Magier und auch mancher Mann hält inne im Streben nach noch mehr Leistung und Anerkennung und horcht auf seine innere Stimme und auf das, was sie ihm rät.

Es ist wichtig, daß wir alle lernen, unser Tun in Einklang mit unserem spirituellen Selbst zu bringen, anstatt stets nur Sachzwängen und gesellschaftlichen Formeln Genüge zu tun. Es gibt uns zwar Sicherheit und Anerkennung, wenn wir nicht aus der herkömmlichen Rolle fallen, aber wir verzichten dabei auch auf ein Stück unserer Autonomie, auf freie Entscheidung und nicht zuletzt auf die Hälfte unseres Erfahrungsspektrums, die nicht zu unserem Rollenbild gehört. Wenn diese Ansätze einst zu einer vollwertigen, gleichberechtigten Integration dieser beiden Seiten in uns und unserer Gesellschaft führen, dann wird sich unser Frauen- und Männerbild von Grund auf ändern, zugunsten von mehr Menschlichkeit, Liebe und Kreativität. Deshalb muß der Narr zuallererst erkennen: *Ich bin eins und doch bin ich beide.*

3 Die Herrscherin, 4 Der Herrscher und 5 Der Hohepriester: *Die Begegnungen des Anfangs.*

Die folgenden drei Karten zeigen Kräfte, denen unser wandernder Narr als erstes in seiner Außenwelt begegnet. Sie sind Sinnbilder für den Mutter- und Vaterarchetyp und für den des spirituellen Lehrers. Auf der weltlichen Ebene des Kartenlegens können sie durchaus die Eltern oder Lehrer bedeuten oder deine eigenen inneren Mutter- bzw. Vatereigenschaften und insbesondere der Hohepriester kann für deine innere Stimme stehen.

Die Herrscherin (oder Kaiserin), die Karte 3, ist das Bild des Mutterarchetypus und der großen Göttin. Archetypen sind Urbilder der

Menschheit, d.h. sie tragen alle Inhalte zu einem Thema, die seit Menschengedenken damit in Verbindung gebracht wurden. So ist die archetypische Mutter u.a. eine wunderbare Göttin, die niemals etwas falsch macht, die ihre Kinder niemals enttäuscht, ja die sich für sie opfert. Sie ist auch die mächtige Gebieterin über Leben und Tod, sie bringt alle Wesen hervor und nimmt sie wieder in sich auf.

Wir finden die archetypischen Bilder in Mythen und Göttersagen, aber sie existieren auch in uns selbst. Als Säuglinge lebten wir mitten in diesem Archetypus. Die Mutter war die Wunderbare, die ewig Nährende und Gebende. Mit wachsendem Bewußtsein mußten wir zusehen, wie sich unser Bild vom mütterlichen Paradies scheibchenweise verkleinerte. Plötzlich blieb nur mehr unser eigener kleiner, enger Körper übrig, den wir irgendwann auch noch selbst zu versorgen hatten. Die wunderbare Göttin aber hat sich in eine ganz normale Menschenfrau verwandelt, die keines der alten Wunder mehr vollbringen wollte.

Die Herrscherin des Tarot steht jedoch auch für diese ganz normale Menschenfrau, denn in jeder Frau existiert das Mysterium der Fruchtbarkeit. In ihr wächst das neue Leben heran. Diese Karte kann für Schwangerschaft, sowohl für geistige als auch körperliche, stehen. Die Karte 3 symbolisiert die Mutter Natur, die uns mit Nahrung versorgt, die uns Lebensräume gibt. Mütterlichkeit ganz allgemein ist eine wichtige Bedeutung der Karte, die Frauen und Männer gleichermaßen anspricht, denn auch Männer könn(t)en mütterlich sein.

Deine Zärtlichkeit, Sexualität und Liebe, die Bezogenheit auf andere sind ebenfalls Themen der Kaiserin, ebenso wie Mitgefühl und liebende Verbindungen zu anderen Menschen. Doch nicht nur das Gebende, das sich an andere richtet gehört hierher, sondern auch alles, was du dir selbst an Gutem gibst. Das Hegen und Pflegen deines eigenen Körpers untersteht ebenfalls der Herrscherin.

Sie hütet aber auch deine Kreativität und dein Wachstum. Sie besitzt eine unbändige sinnliche Freude am Leben. Daraus erwächst starkes sexuelles Begehren. Die Göttin aus alter Zeit verhielt sich nicht nur passiv empfangend, sondern sie vertrat auch aktives Begehren und weibliche Wollust als Selbstzweck. Sie war die Hüterin des Bildes einer autonomen Frau, die Verantwortung trug, die wußte, was sie wollte und sich dies auch verschaffte.

Dieses Frauenbild ist uns im Laufe der Jahrhunderte abhanden gekommen. Nur wenige Frauen wagten, ihre Kraft kompromißlos zu leben. Gebärfähigkeit und Mütterlichkeit wurden so die einzig sanktionierten Formen der Frauenkraft, die in einem fest abgesteckten Rahmen von Ehe und Haushalt ausgeübt werden durften. Dies führte dazu, daß die Ausdruckskraft der Herrscherin verkam, da sie ihr großes Energiepotential nur einseitig ausleben konnte.

Im negativen Ausdruck findet deshalb eine zu starke Identifikation mit dem Mutterarchetypus statt, den ein menschliches Wesen niemals vollends ausfüllen kann. Dann wird die Kaiserin zur Übermutter und will von ihren Kindern oder anderen Abhängigen vergöttert werden. Das bietet psychischen Gewinn, macht allerdings auch abhängig von anderen. Hier entartet das freie Geben im Überfluß von Mutter Natur zu einem Geschäft. „Gibst du mir, so gebe ich dir."
Die Rollen sind festgelegt bei diesem Spiel, denn ohne Kindlichkeit keine Mütterlichkeit. So ist der Kaiserin daran gelegen, daß die anderen um sie herum in infantiler Abhängigkeit verharren, während sie die ewige Mutter bleibt. Vielleicht beklagt sie ja ihre daraus erwachsenden Pflichten lautstark. Doch sollte sie prüfen, ob sie diese Rolle nicht auch gern spielt, um Wichtigkeit und Anerkennung zu erhalten und eine Aufgabe im Leben zu haben. Meist verleugnet sie dabei sich selbst und gibt vor, alles nur für die anderen zu tun. Sie wird zu einer nörgelnden Kontrollinstanz und verliert ihre natürliche Macht und Autorität. Dann muß sich die Kaiserin wieder mehr Zeit für sich und ihre eigenen Interessen nehmen und statt der einseitigen Mutterrolle wieder die Vielseitigkeit und Kreativität, die zu ihrer Karte gehört, in den Vordergrund stellen.

Betrachte die Karte der Herrscherin näher. Sicherlich ist sie umgeben von Symbolen für Fruchtbarkeit und Wachstum. Astrologisch steht sie unter dem Einfluß der Liebesgöttin Venus. Sie symbolisiert Liebe, Sinnlichkeit, Verbundenheit und Harmonie. Auch ist sie die Hüterin der schöpferischen Kräfte und der Künste. Grün, die Symbolfarbe des Lebens, gehört zur Herrscherin. Die stabile Drei ist ihre Zahl. Ihr bild ist das Dreieck. Dreibeinig ist der Hexenkessel und der Hocker der Pythia aus dem Orakel von Delphi. Die Zahl steht auch für die Lösung des Konfliktes, der durch die Polarität der Zwei entstanden ist. Sie entschärft die Dualität durch Liebe. Die Tarot-Trümpfe ergeben zusammen 21 Stück, ein Vielfaches der Zahl Drei und auch die Quersumme 2 + 1 ergibt drei. Drei Wünsche gewähren für gewöhnlich die Feen in den Märchen, was die Drei zur Glückszahl macht. Aller guten Dinge sind drei!

Stichworte: Fruchtbarkeit, Mutterarchetyp, Natur, Sexualität, Liebe, Körper, Helfersyndrom, Übermutter

Der Herrscher (oder Kaiser), die Karte 4, ist analog zur Herrscherin der Vaterarchetyp. Er gibt Struktur, Ordnung und Gesetz. Die Herrscherin als Mutter Natur läßt alles im Überfluß wachsen und gedeihen, der Herrscher macht den Segen nutzbar. Er pflügt, sät und erntet und lenkt so das natürliche Wachstum in nutzbringende Bahnen. In dieser Rolle ist er der Partner und der weltliche Aspekt der Großen Göttin.

Er symbolisiert deine Kraft, dem Leben sinnvoll und mit klaren Vorstellungen zu begegnen und diese zur Blüte zu bringen. Im Gegensatz zum Magier besitzt er Reife und Wissen. Er hat Pläne scheitern sehen und weiß damit umzugehen. Er sieht aber auch, was besser zu machen ist und besitzt Pioniergeist, Führungsqualitäten und Organisationstalent.

Der Herrscher kann auch ganz direkt für deinen Vater stehen, sowohl für den wirklichen Menschen, als auch für die Vaterstimme in dir. Wir alle haben unsere Elternstimmen in uns, die uns meist in der Weise gedanklich ins Wort fallen, wie wir es als Kinder und Jugendliche von unseren Eltern gewohnt waren. Auch du hast die Standardsätze deines Vaters gespeichert und manche davon sogar kritiklos für dich übernommen. Immer dann, wenn du etwas verändern willst in deinem Leben, wenn du ausbrechen möchtest aus dem Alltag, dann stolperst du über diese Einwände aus deinem Inneren, die dich hemmen und in Zweifel stürzen.

Ein guter Kaiser wird seine Untertanen unterstützen und fördern und so das Land zum Aufblühen bringen. Kreativität und Wachstum werden ihm wichtiger sein als persönliche Macht und der daraus resultierende Gewinn. Dann besitzt er auch natürliche Autorität, gepaart mit Mitgefühl und Liebe.

Seine Eigenschaften können sich jedoch in das Gegenteil verkehren wenn er seine Rolle übertreibt. Dann ist er voll Machthunger und der Gier nach Ruhm und Anerkennung auf Kosten anderer. Nur sein Wort gilt, seine Interessen werden durchgesetzt und die anderen müssen sich dem beugen. Entwicklung und Erneuerung stellt er sich in den Weg. Durch Kontrolle verschärft er seine Macht und er wittert überall Feinde. Alle die nicht in sein Raster passen, werden eliminiert.

Ein solcher Landesvater erzieht sein Volk zu Duckmäusern, die sich durch Denunziantentum Vorteile verschaffen und Vatis Lob dafür einheimsen. Solche Leute reifen nicht zu erwachsenen Menschen heran, die frei und selbstverantwortlich entscheiden, denn die Entscheidungsgewalt verbleibt beim Vater oder einer vaterähnlichen Instanz, wie Staat, Gesetz, Ordnung oder öffentliche Meinung usw.

Der Herrscher muß sich in den Dienst des Wandels stellen, um nicht zu verhärten. Ein Vater muß, ebenso wie eine Mutter, erkennen, daß die Kinder irgendwann erwachsen sind und eigene Entscheidungen treffen können. Damit wird die Elternrolle hinfällig. Die Macht und Verantwortung muß abgegeben werden. Diesem Wandel unterliegt jede Herrscher- oder Führungsrolle. Die Gefahr, aber auch die große Lernaufgabe bei dieser Tarotkarte liegt im Umgang mit Macht und der Übernahme von Verantwortung für das eigene Tun.

Astrologisch ordne ich dem Herrscher den Planeten Jupiter und das Zeichen Widder zu. Jupiter steht für soziales Engagement, Weisheit und natürliche Autorität, die zur Aufrechterhaltung von Ordnung und Harmonie im Zusammenleben der Menschen notwendig ist. Widder gibt die immer neue Anfangs- und Wandlungsenergie. Er steht für Durchsetzung und Tatkraft. Das aktive, kräftige Rot und das prachtvolle Gold passen gut zum Herrscher. Die Zahl Vier führt uns zu den vier Elementen, die die materielle Welt bestimmen. Wir haben vier Himmelsrichtungen oder Weltecken. Die Vier bringt Stabilisierung, Ordnung und Struktur. Ein dazupassendes Bild ist das Quadrat. Erinnere dich an die Schulhefte mit Karopapier, in die du deine ersten Zahlen sauber und ordentlich, Kästchen für Kästchen eingetragen hast. Doch Vorsicht vor zu viel Kleinkariertem!

Stichworte: Struktur, Ordnung, Gesetz, Vaterarchetyp, gereifte Planung, Organisation, Arbeit, Macht, Starrheit

Obwohl unsere innere Stimme aus uns selbst spricht, empfinden wir sie oft als außerhalb von uns, so als spräche ein göttliches Wesen zu uns. Dies ist sicher die romantischere Art, das Phänomen der inneren Stimme zu erklären und gern lassen wir uns vertrauensvoll von einer göttlichen Kraft leiten.

Wenn Der Hohepriester, die Karte 5, in deinen Karten erscheint, dann achte auf Begebenheiten oder Menschen, die dir etwas zu sagen haben. Das müssen nicht immer wohldurchdachte Weisheiten von Gurus oder anderen Auserwählten sein. Menschen auf der Straße, beim Einkaufen, im Frisiersalon könnten dir nun Informationen zutragen, die für dein inneres Wachstum wichtig sind. Du solltest in jedem Fall die Ohren spitzen. Oft merken die anderen gar nicht, daß sie gerade etwas für dich Bedeutsames gesagt haben. Es kann auch sein, daß deine innere Stimme dich zu einem Buch führt oder an einen Ort, der dir etwas sagt.

Der Hohepriester steht auch für deine spirituelle Ordnung, für dein Glaubenssystem und deine Religionsform. Im Gegensatz zur Hohepriesterin, die ihr Amt aufgrund der natürlichen Ordnung hat, stellt der Hohepriester die von Menschen und ihren Kulturen ausgedachten spirituellen Systeme dar. Im Hohepriester siehst du die Bemühungen der Menschen, die mystischen Vorgänge des Lebens zu begreifen und in Symbole zu fassen. Ein Religions- oder Glaubenssystem bietet für alle Mitglieder verständliche Erklärungen der geheimnisvollen Hintergründe des Lebens an. Die Hohepriesterin begründet nichts, sie weiß einfach. Der Hohepriester findet Worte und Deutungen für Visionen und Eingebungen. Kulturgeschichtlich ist er der jüngere der beiden, denn Religionssysteme, die von größeren Menschengruppen als nur einer Sippe getragen werden sollen, bedürfen sowohl einer differenzierten Sprache, als auch der Schrift oder einer anderen überlieferbaren Ausdrucksform wie etwa Bilder und Rituale.

Über die Religionen sind Menschen weltweit miteinander in Verbindung. In pervertierter Form entzweien sie sich allerdings auch deswegen, nämlich dann, wenn sie unterschiedlichen Religionen anhängen, deren Weltbilder unvereinbar sind. Hier zeigt sich die negative Seite des Hohepriesters. Er übertreibt und glaubt, er hätte für uns alle das seligmachende System gefunden und müsse dies nun mit Flamme und Schwert verbreiten. Dann wird er humorlos und fanatisch, bis hin zu Verbitterung, wenn die anderen das Wahre und Gute nicht zu schätzen wissen.

Sieh dir die Darstellung deines Hohepriesters genauer an. Wirkt er streng und unheimlich oder eher selig erleuchtet? Was für eine Art und Weise, anderen sein Wissen nahezubringen, vertritt er wohl? Ist er eher ein glühender Kreuzzügler, ein sanfter Weiser oder etwas ganz anderes?

Beim Kartenlegen hängt der Hohepriester eng mit deinen persönlichen spirituellen Wurzeln zusammen. Es ist eine gute Gelegenheit, jetzt darüber nachzudenken, woran du wirklich glaubst. Was für Wertvorstellungen hast du? Wie sieht deine Religion aus? Auch wenn du glaubst, du hättest gar keine, denke einen Moment darüber nach. Warum existierst du? Was glaubst du, kommt nach dem Tod? Sieh dir deine Karte 5 genau an und lege alle Antworten und unbeantworteten

Fragen in diese Karte hinein. Sie ist der symbolische Hort für deinen Seelenfrieden, egal welches individuelle Glaubensgebäude du besitzt.

Das Prinzip des Tierkreiszeichens Stier steht mit dem Hohepriester in Verbindung. Stiere und Rinder waren vor Tausenden von Jahren in vielen Kulturen heilig und wurden in die religiösen Riten einbezogen, wie zum Beispiel auf Kreta. Sie waren ein Symbol für Fruchtbarkeit und für die nährende Göttin. Wenn wir heute von einem Tanz um das goldene Kalb sprechen, meinen wir damit die Abhängigkeit von festen materiellen Vorstellungen oder Aberglauben. Im Horoskop symbolisiert Stier u.a. die Sicherheit materieller Struktur, soziale Ordnung, Wertvorstellungen und die Bewahrung von Tradition.

Die Zahl des Hohepriesters, die Fünf, hat als Bild den Fünfstern, der schon von alters her ein Symbol für die menschliche Gestalt und ein Kraftzeichen war. Die obere Spitze stellt den Kopf dar, darunter sind die Arme nach beiden Seiten ausgestreckt und dann kommen die Beine. Wir besitzen fünf Sinne, mit denen wir die äußere Welt wahrnehmen und begreifen. Die Fünf als Abbild des Menschen impliziert Auseinandersetzung und Berührung, sowohl geistig als auch körperlich. Zum Hohepriester passende Farben sind Purpur, Violett, Schwarz und Weiß.

Stichworte: innere Stimme, geistiger Führer, Lehrer, Rückverbindung mit dem spirituellen Ursprung, Tradition, Glaubenssysteme (auch die eigenen inneren Glaubenssätze und Haltungen), Dogmatismus, missionarisches Streben

Mit diesen ersten fünf Karten der Ebene des Ursprungs hast du nun die Grundlagen deines wandernden Narren erforscht. Du hast die beiden Seiten des Inneren kennengelernt, samt der Familie drumherum. Die nächsten beiden Karten dieser Reihe zeigen Handlungen und Entwicklungsschritte.

6 Die Liebenden, 7 Der Wagen: *Lieschen und Hänschen gehen allein...*

Die Karte 6, die Liebenden, führt deinen inneren Narren zu der Begegnung mit Menschen außerhalb der Familie, genauer noch zu einer neuen emotionalen Dimension, außerhalb des gewohnten Bezugsrahmens. Ein Kind liebt seine Eltern und Bezugspersonen ganz automatisch für die Zuwendungen, die es von ihnen erhält. Als Erwachsene lieben wir nicht mehr jede Person, die uns begegnet, sondern folgen unseren Sympathien. Eine besondere Form von Anziehung ist nötig, um unser Interesse zu wecken.

In der Pubertät differenziert sich unser Liebesempfinden und verbindet sich mit sexuellen Wünschen. Wir spüren ganz konkret, daß da noch etwas anderes ist, was uns nun über die Maßen fasziniert und hinanzieht zu anderen Menschen. Wir bemerken den Unterschied zwischen der Liebe zur Familie und der Liebe zu einem Partner oder einer Partnerin.

Die Karte 6 steht ganz allgemein für Kommunikation und zwischenmenschliche Verbindungen in jeder Art und Weise. Das schließt neben Liebe, Ehe, Partnerschaft, Freundschaft und beruflichem Kontakt auch Haßverbindungen mit ein. Bei dieser Karte siehst du die

Gefühle im zwischenmenschlichen Bereich walten und hier liegen auch die Lernaufgaben im Umgang damit. Die Karte der Verbindungen beinhaltet auch die Trennung.

Dazu eine kleine Geschichte: Lieschen und Hänschen nehmen Abschied von den besten Eltern der Welt und ziehen zusammen los, um im Dschungel des Lebens ein paar neue Spiele auszuprobieren. Nach ein paar Jahren stellt sich jedoch heraus, daß sie das gleiche alte Elternspiel gespielt haben, das die Eltern einst direkt vor ihrer Nase vorgeführt hatten. Da sie inzwischen erkannt haben, daß nicht alles Gold war, womit die Eltern glänzten, haben beide die Nase nun voll und trennen sich wutschnaubend oder schneuzend oder wie auch immer und wenn sie nicht gestorben sind, probieren sie es noch heute immer wieder aufs Neue mit wechselnden Partnern...

Diese Geschichte, die viele Jahre oder auch ein ganzes Leben dauern kann, veranschaulicht einen Teil der Bedeutungen dieser Karte. Wir folgen gerade in unseren ersten Beziehungen und Partnerschaften oft dem Muster unserer Eltern, weil wir weder uns selbst und unserer wahren Lebenswünsche bewußt sind, noch sind wir in der Lage, andere Menschen richtig einzuschätzen.

Oft zeigen ältere Tarotspiele einen Jüngling, der sich zwischen zwei Frauen, meist einer älteren und einer jungen, entscheiden muß, weshalb diese Karte auch der Scheideweg genannt wird. Diese Symbolik könnte bedeuten, daß sich ein junger Mann von seiner Mutter abnabeln muß, um eine sexuelle, erwachsene Liebesbeziehung zu führen. Er muß sein Liebesempfinden und sein kindliches Begehren in realistische Ansprüche umwandeln und von seiner Mutter auf eine andere Frau und Partnerin übertragen.

Die Umwandlung in echte Liebe zu einem Menschen fällt jedoch schwer, weil dabei die vielbesungene Romantik, mit der wir in allen Liebesliedern und Filmen etc. konfrontiert werden, auf der Strecke bleiben muß. Diese infantile Form von Liebe, die da besungen wird, zementiert den unbewußten Wunsch nach einer Allmutter zum

Anlehnen, nach der Göttin, die in der Karte 3 beschrieben ist. Naturgemäß kann das nicht gutgehen, denn kein menschliches Wesen ist in der Lage, einen Archetypus vollends auszufüllen. Außerdem muß die persönliche Entwicklung einer Frau nicht unbedingt mit den Wünschen und Zielen ihres Partners übereinstimmen. Liebende mit diesen überhöhten Ansprüchen können niemals wirklich zueinander kommen, denn sie verwechseln das Zusammensein mit dem Aufgeben der eigenen Identität.

Leider beschreibt dieses alte Kartenbild nur die Situation für den Mann, so als ob Frauen sich nicht gleichermaßen von den Eltern abnabeln und für ihr eigenes Leben entscheiden müßten. Für beide Geschlechter gilt: Wer nicht seine Liebeswünsche auf ein menschliches, erfüllbares Maß gebracht hat, wird mehr Leid als Glück in der Liebe haben. Wer noch dem Traum von der Liebe, die wunschlos glücklich macht und alle Probleme und psychischen Schwächen mit einem Schlag beseitigt anhängt, für den wird diese Karte zum Prüfstein.

Hier gilt es, partnerschaftliches Verhalten und Kommunikation zu lernen und unrealistische, unerfüllbare Ansprüche, die die Beziehung überfordern, abzubauen. Lieschen und Hänschen müssen also nicht ewig das gleiche Spiel spielen, sondern können ihre Beziehungen harmonisieren und verbessern, indem sie sich um die eigene Entwicklung und um Bewußtsein bemühen.

Astrologisch gehört zur Karte 6 das Prinzip der Zwillinge, das für alle Arten von Kommunikation, Aktivität und Austausch (jedoch nicht unbedingt für tiefe Emotionen) zuständig ist. Rosa, die Farbe der zarten Liebesgefühle, aber auch Orange und Gelb, die für Sexualität und Kommunikation stehen, passen hierher.

Die Zahl Sechs symbolisiert Leidenschaft und Sexualität in Verbindung mit Gefühl. Ihr Bild ist das Hexagramm, ein Stern, der aus zwei Dreiecken besteht, von denen eines mit der Spitze nach oben (altes Zeichen für Feuer) und das andere mit der Spitze nach unten (Zeichen für Wasser) zeigt. Du siehst hier die harmonische Verbindung von

Feuer und Wasser. Doch Vorsicht, es könnte sich auch um Feuerwasser handeln, das bei zu heftigem Genuß berauschend wirkt!

Stichworte: Emotionen jeder Art, Kommunikation, Verbindung zum Du, Neugier, Anziehung, Liebe/Haß, Polarität, Abhängigkeit

Die nächste Karte ist Der Wagen, die Nummer 7 und somit die letzte in der Ebene des Ursprungs. Dein Narr hat nun schon manches gelernt und erlebt, was ihn dazu verleiten könnte, sich in der Rolle des Wagenlenkers als derjenige zu sehen, der sein Leben gekonnt im Griff hat. Doch auf den meisten Tarotbildern entlarvt sich dies als Illusion.

Der Wagenlenker hat die Zügel nicht fest im Griff, ja meist besteht gar keine Verbindung zwischen ihm und den Zugtieren des Wagens. Das bedeutet, daß er zwar schon ganz schön beweglich ist und einiges anstellen kann, aber seit der gescheiterten Ehe mit Lieschen weiß er auch, daß er sein Unbewußtes und seine Gefühlswelt, dargestellt durch die Zugtiere, die ja sein Tun kräftig beeinflussen, nicht im Griff hat.

Er weiß, daß er nichts weiß und möglicherweise entscheidet er sich nun dafür, mit der Arbeit an sich selbst zu beginnen und er begibt sich ganz konkret auf eine Reise nach innen, vielleicht mit Hilfe irgendeiner Form von Training, Therapie oder einem anderen Hilfsmittel für Selbsterkenntnis wie z.B. dem Tarot. Die Karte kann aber auch für eine äußere Reise stehen, denn sie beinhaltet Horizonterweiterung und Veränderung in jeder Form.

Mit ihr wächst dein Wunsch nach Expansion, Erkenntnis und Zugewinn. Das kann auch durch das Reflektieren der vorangegangenen Ereignisse und die Suche nach dem darin enthaltenen Sinn geschehen. Die Erkenntnis eines tieferen Sinns im Leben ist eine besondere Bedeutung dieser Karte. Sie ermöglicht auch den Sprung in die nächste Reihe unserer Tarotkarten. Wenn sich Wagenlenker oder -lenkerin nicht um den Sinn bemühen, bleiben sie in der Illusion, daß doch alles ganz gut läuft, stecken. Sie machen sich vor, alles in der Hand zu haben und fallen dann aus allen Wolken, wenn etwas Unvorhergesehenes geschieht. Das passiert jedoch nur, um sie aufzurütteln. Wer am Steuer einschläft, braucht sich nicht zu wundern, wenn er im Straßengraben aufwacht!

Der negative Ausdruck dieser Karte ist allgemeine Unzufriedenheit, Leichtsinn, Selbstüberschätzung und Oberflächlichkeit. Du könntest gerade launenhaft und unentschlossen sein, ohne klare Zielvorstellungen. Dann wird es nötig, daß du in dich gehst und herausfindest, was du wirklich willst. Auch ein Tapetenwechsel kann dir hier sehr guttun und den Boden für wichtige Veränderungen schaffen.

Astrologisch sehe ich eine Verwandtschaft zu den Tierkreiszeichen Krebs und Schütze. Krebs gibt das Veränderliche, den inneren Willen zum Aufbruch und die Bereitschaft, auch einen weiten Weg zum Ziel zu gehen. Der Herrscher von Krebs ist der wechselhafte Mond, durch den wir im Horoskop aber auch Kenntnis über unsere innersten Gefühle erhalten. Schütze sorgt für Expansion und Erweiterung. Voller Erwartungen an sich selbst und andere Menschen verfolgt er seine Ideale. Die Farben rot, für Anfangsenergie und Blau für die Sehnsucht in die Ferne entsprechen dem Wagen.

Die Zahl Sieben ist von alters her die magische Zahl schlechthin. Sie bedeutet Vollendung eines Zyklus. „Alle 7 Jahre wende deinen Sinn!" heißt ein altes Sprichwort. Wir unterteilen die Entwicklung des Menschen in Siebenjahresschritte, wonach jeweils ein Lebensabschnitt beendet ist. Alle sieben Jahre erneuern sich unsere Zellen und in der Astrologie kennen wir die sieben inneren Planeten, die lange Zeit die einzigen bekannten Gestirne unseres Sonnensystems waren und die heute als Symbole für die bewußten Kräfte unseres Lebens gelten.

Stichworte: Weg, Absprung, Loslösung, Reise, Horizonterweiterung, neuer Zyklus beginnt, Entwicklung, Lernen, Wechsel, Davonlaufen

Die Ebene der bewußten Erfahrung

Unser Narr hat nun die Ursprungsebene durchwandert und sich bei der Karte 7 mit dem Wagen in Richtung Selbstfindung in Bewegung gesetzt. Nun gelangt er in die zweite Siebenerreihe der Tarottrümpfe. In dieser Reihe findest du Erfahrungen, denen ein Mensch sich im Laufe des Lebens stellen muß. Der Narr lernt die Spielregeln der Gesellschaft kennen, er begibt sich auf die Suche nach Weisheit, er lebt mit ganzer Kraft und wird auch mit der Tatsache der Endlichkeit aller physischen Existenz konfrontiert.

In manchen Spielen ist die nächste Karte 8 der Kraft zugeordnet in anderen ist sie die Gerechtigkeit. Für mich ist es schlüssiger, wenn der Wagenlenker zuerst der Gerechtigkeit begegnet, damit er die zweite Ebene gut beginnen kann und er später erst zu seiner Kraft und Triebenergie bewußt durchdringt, als umgekehrt. Auf diese Weise muß er zuerst Köpfchen und Einsicht entwickeln, damit er seine Kräfte loslassen kann, was er dann eben nicht mehr kopflos tun wird.

Aber es schadet nicht, wenn du auch einmal die Kraft an den Anfang der Reihe legst und gedanklich durchspielst was sich dadurch verändert. Dies könnte nämlich bedeuten, daß unser junger, ungestümer Wagenlenker nun zuerst mit seinen innerseelischen Triebkräften in Berührung kommt und herausgefordert wird, diese zu zähmen. Dann entwickelt er erst später die abwägende Qualität und Weisheit der Gerechtigkeit. Mir persönlich gefällt die erste Variante besser (die im übrigen auch die ältere ist), weil zur Entwicklung wirklicher Kraft auch eine gewisse Reife und Selbsterkenntnis nötig ist, wie sie erst nach dem Rückzug und der Innenschau des Eremiten möglich ist.

8 Die Gerechtigkeit, 9 Der Eremit:
Der Beginn der Selbstfindung.

Die Gerechtigkeit, Ausgleichung oder Justiz wie sie auch heißt, leitet die Reihe ein. Wir könnten uns vorstellen, daß der Wagenlenker vielleicht zu schnell gefahren ist, nun vor Gericht steht und sich für seinen Übermut verantworten muß. Ein Motiv der Karte ist Verantwortung für die eigenen Taten. Dies beinhaltet ein hohes Maß an Bewußtwerdung. Um Verantwortung zu übernehmen, mußt du dir klar sein über dein Tun und die Konsequenzen, die sich daraus ergeben.

Aber Justizia erzwingt auch Ausgleich und Vermittlung zwischen Streitparteien. Sie steht in den wenigsten Fällen für die Auflösung eines Konfliktes, bei der alle Beteiligten zufrieden nach Hause gehen. Ihre Aufgabe ist es, zu unterscheiden, wer Recht und Unrecht hat und durch den Richterspruch trennt sie die Streitenden. Wenn nicht ein Kompromiß, wie z.B. bei einem gerichtlichen Vergleich, geschlossen wird, gibt es hinterher einen lachenden Gewinner und einen weinenden Verlierer. Das bedeutet auch, daß der eine Schuld zugewiesen bekommt, während der andere von Schuld freigesprochen wird.

Dies gilt jedoch nur für die äußere, materielle Wirklichkeit. Auf der spirituellen Ebene gibt es keine Schuldzuweisung. Das Universum ist ein großes Ganzes und besteht auf höchster Ebene aus reiner Energie, die nicht nach Gut und Böse fragt. In unserer menschlichen Welt ist es jedoch notwendig, Schuld und Unschuld, Gut und Böse, zu unterscheiden, denn dadurch wird unser Zusammenleben miteinander geregelt.

Gesetze und ihre Einhaltung stellen sicher, daß wir uns nicht alle gegenseitig die Köpfe einschlagen, weil wir vielleicht gerade von blinder Wut getrieben sind. Sie definieren Schuld und Unschuld und bilden eine Richtschnur, an der sich das menschliche Verhalten orientieren kann.

Es kann aber sehr leicht passieren, daß sich Menschen mit dem Archetypus der Gerechtigkeit zu sehr identifizieren. Sie setzen sich dann auf einen göttlichen Richterstuhl und richten über Werte, die keine menschlichen mehr sind. Verurteilungen wegen Hautfarbe, Nationalität, Geschlecht oder Glaube gehört zu den Formen der Verblendung, denen die Gerechtigkeit in uns allen anheimfallen kann. Wir suchen dann nach Sündenböcken, an denen sich unser selbstgerechter Haß in fanatischer Weise entlädt.

Im zwischenmenschlichen Bereich kann dies von Vorurteilen bis zu übler Nachrede gehen. Die pervertierte Gerechtigkeit gefährdet jedoch auch das friedliche Zusammenleben der Menschen, wenn sie Mord, Zerstörung oder Krieg heraufbeschwört und rechtfertigt. Sie kann daher, wenn sie sich auf kollektiver Ebene auswirkt, zu einer weitreichenden Gefahr für den Frieden werden, den gerade sie hüten und wiederherstellen sollte.

Es ist sehr wichtig für die Entwicklung eines Menschen, schon früh zu lernen, daß nicht alle Konflikte und inneren oder äußeren Streitpunkte stets aufzulösen und aus der Welt zu schaffen sind. Wir brauchen die Fähigkeit, Gegensätzliches anzuerkennen und bestehen zu lassen, ohne das Andersgeartete zu zerstören oder daran selbst zugrunde zu gehen. Beim Crowley-Tarot balanciert eine Frau auf der Spitze des Schwertes, genau im ausgewogenen Mittelpunkt. Sie verliert nicht das Gleichgewicht, sondern verharrt in meditativer Konzentration auf dem Wesentlichen. Andere Spiele zeigen die Gerechtigkeit auf dem Richterthron. So wird sie dir begegnen, wenn sie dich belehren und an die Spielregeln des Lebens erinnern will.

Wenn diese Karte beim Kartenlegen auftaucht, dann ist es Zeit, daß du dich auf dein Tun besinnst. Meist hast du dich schon zu lange um eine Entscheidung herumgedrückt, jetzt kommt sie auf dich zu. Diese Karte erzwingt deine Konzentration und sie wird von dir verlangen, Bilanz zu ziehen.

Du mußt dich verabschieden von einem Teil deiner vielen Ideen, weil du merkst, daß nicht alles auf einmal geht. In diesem Sinne bedeutet Konzentration auch Selektion. Du muß dir das aussuchen, was du weiterhin vorantreiben willst und den Rest, den du nicht mehr brauchen kannst hinter dir lassen. Diese Karte steht für den Kreislauf: abwägen, entscheiden, loslassen und weitergehen. Diesem Motiv begegnest du noch öfter auf der Ebene der bewußten Erfahrung.

Astrologisch gehört das Tierkreiszeichen Waage zur Karte 8. Die Waage, von Venus regiert, ist oft zwischen zwei Extremen hin- und hergerissen, die sie dann harmonisch und mit großer Diplomatie zu vereinen sucht. Die Gefahr ist, daß sie durch zu große Anpassung selbst auf der Strecke bleiben kann. Mit dem Zeichen Waage lernen wir Konfliktfähigkeit und sowohl den Umgang mit anderen als auch mit uns selbst. Tun wir dies nicht freiwillig, so weist uns Saturn als weitere astrologische Zuordung zu dieser Karte, in die Schranken. Er zwingt uns zu Konzentration und zum Nachdenken. Die Farbe Schwarz, wie die Mäntel der Gerichtsbarkeit, aber auch das seriöse Dunkelblau und Rot gehören zur Gerechtigkeit.

Die Zahl Acht vollendet einen Zyklus und beginnt gleichzeitig einen neuen. Die Oktave in der Musik folgt diesem System. Sie beginnt z.B. mit einem c, nach acht Tönen folgt wieder ein c aber diesmal auf einer höheren Ebene usw. Auf der Seite liegend ist die Acht das Unendlichkeitszeichen und Symbol für die Ewigkeit. In der pythagoräischen Zahlenmagie ist sie Symbol für Gerechtigkeit und Fülle.

Stichworte: Verantwortung, Abwägen, Regeln der Gesellschaft, Konzentration, Gegensatz, Konflikte und Konfliktfähigkeit, Grenzübertretung, Extreme

Die Gerechtigkeit brachte die Einsicht mit, daß es jetzt Zeit ist, nachzudenken und Bilanz zu ziehen. Darauf folgt als äußere Entsprechung Der Eremit, die Karte 9. Im Stadium des Eremiten wirst du dich körperlich zurückziehen wollen von den anderen Menschen und vom Lärm und Getriebe der Welt. Ein Eremit sucht Ruhe und Einsamkeit, um über Gott und die Welt nachzudenken. Er lebt ein einfaches, klar strukturiertes Leben ohne Exzesse und er widmet sich vor allem der Arbeit am Selbst.

Als Eremitin oder Eremit sind dir plötzlich viele materielle Dinge unwichtig. Dein Hauptaugenmerk liegt auf der geistigen Ebene. Dadurch verschieben sich auch Ziele und Vorstellungen. Rein materielle Bestrebungen willst du vielleicht gar nicht mehr weiterverfolgen, wenn sie nicht auch geistigen Gehalt besitzen. So kann es sein, daß du Beziehungen auflöst, die oberflächlich geworden sind oder daß du den Job wechseln möchtest, weil er deinen inneren Ansprüchen nicht mehr genügt. Vielleicht beginnst du auch ein spirituelles Studium oder beschäftigst dich mit alternativer Ernährungslehre oder sonst einem Wissensgebiet.

Psychologisch steht der Eremit für Subjektivität und Introversion. Bei Übertreibung dieser Eigenschaften kann er menschen- und konfliktscheu werden. Die Suche nach Erleuchtung sollte stets eine feste Basis in der Alltagsrealität haben. Der Eremit neigt im Extremfall dazu, sich ganz in seine subjektive Welt zurückzuziehen. Dadurch können zwischenmenschliche Beziehungen leblos werden und absterben, ohne daß er es bemerkt. Er sieht dann nicht mehr, was sich außerhalb seines Tellerrandes abspielt und tauscht auch seine Einsichten nicht mehr mit anderen aus. Dies ist die Kehrseite einer zu heftigen spirituellen Suche. Ähnlich wie der Hohepriester, kann auch der Eremit fanatisch werden, wobei der Hohepriester missionierend auf die Außenwelt einzuwirken versucht, während der Eremit sich angewidert und voll Ablehnung von der Welt zurückzieht.

Wahres spirituelles Eremitentum ist jedoch stets verbunden mit außerordentlicher Bewußtheit und intensiver Verwurzelung in dieser Welt, in der Natur, im Leben. Der wahre Eremit besitzt genügend Toleranz, um Andersdenkende nicht zu verteufeln und gleichzeitig ausreichend Souveränität, um ganz klar den eigenen Weg zu gehen. Er hat eine Lampe bei sich, mit der er seinen Pfad beleuchten kann. Sie symbolisiert das klare Licht der Erkenntnis und seinen hellwachen Verstand.

Mit Hilfe seines Verstandes plant er sorgfältig die weiteren Schritte in die Zukunft, reflektiert aber auch über seine Vergangenheit. Er lernt das Gesetz von Ursache und Wirkung seiner Handlungen kennen und kann daher seine Zukunft günstig beeinflussen. Wenn sein kreativer Rückzug beendet ist, kehrt der Eremit mit neuer Erkenntnis gestärkt in den Alltag zurück.

Die Zahl Neun steht für Suche. Gleichzeitig beendet sie die Zahlenreihe, bevor wieder mit der 1 + 0 angefangen wird. Im Altertum wurden die 9 Musen verehrt, die die kreativen Künste verkörperten. Außerdem ist die Neun ein Symbol für Eigenständigkeit. Mit welcher Zahl sie auch immer multipliziert wird, die Quersumme des Ergebnisses gibt immer wieder Neun. Sie bleibt sich also stets treu.

Das Tierkreiszeichen Jungfrau entspricht vielen Seiten des Eremiten. Es steht für strukturiertes Denken und Intellekt, für den Wunsch nach Wissen und der Anwendung des Wissens in der Welt. Die Farbe Grau als Symbol für Einsamkeit, aber auch das spirituelle Weiß passen zum Eremiten.

Stichworte: Rückzug, Innenschau, innerer Wandel, geistiger Blickwinkel, spirituelle Studien, Nachdenken, Einsamkeit, Angst vor der Welt, Verschlossenheit

Die Gerechtigkeit und der Eremit bilden zusammen den Beginn der Selbstfindung und somit auch die ersten Erkenntnisse über unser Inneres. Hier zeigt sich das erste Erwachen von Bewußtsein, das die Grundlagen schafft, für die schwierigeren Teile der Reise unseres Tarot-Narren.

10 Das Rad des Lebens, 11 Die Kraft: *Akt der Einfügung*

Nachdem unser wandernder Narr nun mehr Klarheit hat über das „Was will ich?" und „Wo stehe ich?" , folgt der Akt der Einfügung seiner Erkenntnisse in das äußere Leben und in die Gesellschaft. Er ist sich bewußt, daß er ein Teil des Ganzen ist und dieses Bewußtsein ermöglicht ihm innere und äußere Teilnahme am Leben.

Dies zeigt sich beim Rad des Lebens, der Karte 10. Es ist ein Sinnbild für das neue Verständnis, das durch die Stufe des Eremiten entstanden ist. Mit dieser Karte verstehst du das Leben als ein zyklisches Auf und Ab, als ein sich ineinander verzahnendes Kräftespiel, in dem

Ursachen und Wirkungen ständig einander ablösen, so daß sie kaum voneinander zu unterscheiden sind. Einmal sitzt du oben auf dem Rad, ein andermal kommst du unter die Räder. Das Leben scheint ein einziges, sprühendes Feuerwerk von Energien zu sein, die dich ständig vorwärtstreiben, zum Guten oder auch zum Schlechten. Doch die Einsichten des Eremiten relativieren die Begriffe gut und schlecht bei der Betrachtung des Lebensrades.

Du weißt nun, daß dies lediglich zwei Qualitäten der einen kosmischen Urkraft sind und daß alles Seiende einer zyklischen Wellen- oder Spiralbewegung folgt. Das Universum befindet sich in einem dynamischen Gleichgewicht, in dem ständig alles in Bewegung ist und sich dadurch ausgleicht. Nichts im gesamten Kosmos ist statisch und festgefügt, alles folgt einem ständigen Auf und Ab.

Beim Kartenlegen vermittelt dir diese Karte neben der Fähigkeit zu der genannten Erkenntnis auch die Existenz glücklicher Zufälle. Oft brauchst du gar nichts unternehmen, das Leben beschenkt dich plötzlich wie aus heiterem Himmel. Wichtig ist, daß du erkennst, wann dir Chancen winken, denn das rechtzeitige Ergreifen der Geschenke ist dein Part in diesem Spiel. Das Rad dreht sich stets voran und wenn du nicht zugreifst, läßt du deine Möglichkeiten verstreichen. Mit anderen Worten: unser wandernder Narr darf bei dieser Karte nicht verschlafen, sondern er muß hellwach sein.

Die Zehn schafft den Absprung in eine neue Zahlenebene. Die Einer sind vollendet, jetzt kommen die Zehner. Zehn setzt sich aus der Eins, dem Magier und der Null, dem Narren zusammen. Wir können auch sagen, daß unser Narr ab jetzt wirklich bewußt ins Leben eintaucht. Seine Spontaneität verbindet sich mit dem Know-how und der Zielgerichtetheit des Magiers. Dies ist der Beginn von wahrer selbstbewußter Handlungsfähigkeit. Rot und Gelb bilden die farbliche Entsprechung.

Astrologisch verbinde ich das Rad des Lebens zum einen mit den expansiven Qualitäten des Planeten Jupiter. Er steht für Fülle und Wachstum, aber auch für Einsicht, Erkenntnis und Sinnsuche. Außerdem vertritt er das Prinzip leben und leben lassen auf der Grundlage von menschlicher Ethik. Hier zeigt sich die schenkende Seite der Karte mit der Zehn. Aber auch die Symbolik des Planeten Saturn und des Zeichens Steinbock findet sich im Rad des Lebens. Saturn zeigt uns die Grenzen und schafft feste Strukturen. Steinbock steht für Disziplin und Beschränkung. Er paßt sich an die allgemeinen Maßstäbe, bzw. an die Gesetze des Lebens an und schöpft diesen Rahmen erfolgreich aus.

Stichworte: Glück, das Auf und Ab des Lebens, Chance, das Leben lenken oder gelenkt werden, Fülle, Wachstum, Schicksalsergebenheit

Die Karte 11, Die Kraft, bringt unseren Wanderer in Verbindung mit seiner tiefsten Energiequelle, mit seiner Triebkraft. Sie ist der Motor für die Lebensenergie. Unsere Triebkraft, zu der auch die sexuelle Energie gehört, wird hier meist als Löwe oder anderes Raubtier dargestellt. Ein Raubtier symbolisiert ungezügelte Kraftausübung und eine tödliche Macht. Meist zähmt eine Frau den Löwen, nur auf manchen älteren Tarots ist der Kampf des Herkules zu sehen.

Mir gefällt es besser, wenn eine Frau den Löwen zähmt, denn hier ist die Frauengestalt das Sinnbild für unsere menschliche Seele. Mit Seelenkraft, also nicht seelenlos und brutal, sollen wir unsere Triebe und unsere wahre Stärke zum Ausdruck bringen. Das heißt, daß wir unsere Triebe unter seelischer Regie ausleben sollen, anstatt sie zu verdrängen oder zu unterdrücken.

Auf der Stufe des Eremiten hat unser Narr viel Einsicht über sich selbst erhalten. Auf diesem Hintergrund wird er es schaffen, die seelische und die lebendige körperliche Energie bewußt und konstruktiv zu verbinden. Daraus ergibt sich dann ein ganz besonderer Lebensgenuß. Es macht Freude, die eigene Kraft und Stärke zu erleben, wenn wir uns dabei von einer höheren Macht getragen fühlen. Im Altertum gab es Kulte, die Sexualität und allen Ausdruck des Lebendigen zum Gottesdienst erhoben. So sehr wurde einst diese Kraft gepflegt und verehrt. Auch uns modernen Menschen tut es gut, unsere Lebendigkeit zu zelebrieren und bewußt zu genießen.

Diese Karte zeigt dir aber nicht nur die Bereiche der körperlichen Energien und der Sexualität, sondern auch die Möglichkeit der Umwandlung von körperlicher in geistige Kraft. Eine Arbeitsleistung, die dich wahrhaft erfüllt, kann dir genausoviel Zufriedenheit schenken, wie ein schönes Liebeserlebnis. Voraussetzung dafür ist, daß du an deiner Arbeit auch seelisch beteiligt bist, daß sie dich innerlich befriedigt und du über diese Tätigkeit deinen besonderen Wert und deine Fähigkeiten zum Ausdruck bringen kannst.

Im negativen Ausdruck der Karte 11 zeigt sich ein Fehlen der Seelenqualität. Dann kann sie zu oberflächlicher Ausschweifung und gespielter Euphorie und Begeisterung führen. Vermeintlich gottgewollte Handlungen werden ohne Eigenverantwortung und ohne Rücksicht auf die Konsequenzen durchgeführt. Die Folge ist Größenwahn und Übertreibung auf allen Ebenen des Lebens.

Die Zahl 11 setzt sich aus 10 + 1 zusammen. Hier verbindet sich das Lebensrad mit dem Magier. Das Handeln des Magiers ist nun um die Erkenntnisse der Karten von 1 bis 10 reicher und somit von spirituellem Wissen und Einsicht durchdrungen. Die Farben Orange, Rot und Grün passen zur Kraft.

Astrologisch ordne ich die Karte 11 dem Tierkreiszeichen Löwe zu. Charakteristisch für den Löwen ist die überschäumende Lebensfreude und Vitalität, sein Mut und seine große Energie. Er ist um konkreten Selbstausdruck bemüht, d.h. er will sich und seinen gesamten inneren Reichtum in der Welt manifestieren.

Stichworte: Kraft, Energie, Überwindung, Lebendigkeit, Mut, Lebenslust, Triebkraft, ungezügelter Energieausbruch

12 Der Gehängte, 13 Tod, 14 Die Mäßigkeit:
Die Spanne der Wandlung.

Die nächsten drei Karten bilden eine Trilogie von Hingabe, Loslassen und Neuanfang. Das Sinnbild der Hingabe ist der Gehängte, die Karte 12. Bei der letzten Karte schwelgte unser Narr noch im vollen Lebensgenuß. Hier auf der Stufe des Gehängten wird es plötzlich still um ihn herum. Ein Bild der Konzentration und Meditation, des Nicht-Tuns, zeigt sich auf dieser Tarotkarte. Ob freiwillig oder nicht, das Einzige was zu tun bleibt, ist Hingabe an die kosmischen Gesetz-mäßigkeiten. Widerstand hingegen bedeutet Schmerz.

Der Gehängte gibt uns ein Bild der inneren Einkehr, ähnlich wie beim Eremiten. Doch hier ist die Einkehr nicht selbstgewählt, wie bei der Karte 9. Gleichsam als ein Regulativ, damit die Energien der Karte

70

der Kraft nicht überhand nehmen, wird unser Narr als Gehängter an einem Bein gepackt und aus seiner gewohnten Position gebracht. Er wird gezwungen, die Welt jetzt von anderer Warte aus zu betrachten. Dieser Vorgang vollzieht sich im Inneren als subtiler Veränderungsprozeß.

Wenn du die Karte 12 ziehst, wird es notwendig, daß du deine Angelegenheiten neu überdenkst und auch andere Gesichtspunkte prüfst, die du bisher außer acht gelassen hast. Den größten Erfolg erzielst du durch Nicht-Tun und Innenschau. In dir vollzieht sich ein Ablösungs- und Umwandlungsprozeß, zu dem du momentan äußerlich nichts dazutun kannst. Du lernst jetzt die Hingabe an dein Höheres Bewußtsein. Gleichzeitig relativiert sich deine materielle Abhängigkeit. Du löst dich jetzt leichter von Dingen, die dir früher einmal wichtig waren.

Nach außen hin könntest du lethargisch wirken und vielleicht verstehen dich die anderen Menschen nicht mehr so recht. Du siehst vieles plötzlich ganz anders, was dir als Wankelmütigkeit vorgeworfen werden kann. Der Gehängte ist aber nicht einfach launisch und schwankend, sondern er ändert seine Ansichten aus tiefer Überzeugung heraus. Er steht auf dem Kopf und sieht die Dinge nun tatsächlich anders. Auch wird ihm bewußt, daß alle Materie endlich ist und er beginnt zum ersten Mal, über den Tod nachzudenken.
Diese Karte ist wie die Vorbereitung zur Einweihung in das Mysterium des Todes. Gleich nachdem unser Narr bei der vorigen Karte seine ganze Lebenskraft und Freude zum Ausdruck gebracht hat, beschleicht ihn der Gedanke an das Ende. Wir können unser Glück nicht wahrhaft leben und genießen, wenn wir nicht auch mit der Tatsache im Reinen sind, daß es ein Ende gibt. Nichts Geringeres muß unser Narr auf der Stufe des Gehängten einsehen. Zu wahrer Erleuchtung gehört, den Tod genauso wie das Leben bewußt zu akzeptieren. Dies bedarf unserer ganzen Hingabe an den Kreislauf des Lebens.

Die 12 setzt sich aus 10 + 2 zusammen. Hier verbindet sich das Rad des Lebens mit der Hohepriesterin und sie lüftet ein wenig ihren geheimnisvollen Schleier und gewährt Einblick in die Wahrheit des Universums, zu der auch der Kreislauf von Leben und Tod gehört. Die 12 ist aber auch sonst eine symbolträchtige Zahl. 12 Abschnitte hat der Tierkreis und auf dem Zifferblatt der Uhr zählen wir ebenfalls bis 12, dann ist ein Kreis vollendet.

Auch mit der 12. Tarotkarte vollendet sich ein Kreis, deshalb ordne ich sie dem zwölften Tierkreiszeichen, den Fischen zu. Die Fische stehen für die Auflösung des Individuellen im großen Meer des Lebens. Sie zeigen die Rückkehr zum Ursprung, Hingabe und Mitgefühl. Sensitivität und spirituelle Weisheit sind typische Charakteristika des Fischeprinzips. Weiß und zarte Blau- und Grüntöne gehören hierher.

Stichworte: Hingabe, Loslassen, anderer Blickwinkel, Spiritualität, tiefe Einsicht, Visionen, Nichthandeln; will nicht glauben, daß es jetzt nichts zu tun gibt

Nachdem der Gehängte die Bereitschaft zu Hingabe und Verwandlung gezeigt hat, folgt mit der Karte 13, Tod, die Umwandlung im Äußeren. Der Tod im Tarot symbolisiert größere Veränderungen, auch in unserer Persönlichkeitsstruktur, die ja der äußere Ausdruck unseres Innenlebens ist.

Wenn unser wandernder Narr dieses Stadium durchlaufen hat, ist er nicht mehr der Gleiche wie zuvor. Das Bewußtsein des Todes verwandelt unser ganzes Leben. Ein Beispiel hierfür sind Menschen, die sich für Momente in Todesgefahr befanden oder die tatsächlich klinisch tot waren. Nach ihrer Rückkehr ins Leben bestätigen die meisten von ihnen einen Zuwachs an Bewußtsein und eine tiefere Wahrnehmung des Lebens. Sie haben plötzlich die Fähigkeit, sich an den kleinen Dingen des Alltags zu erfreuen und genießen ihr Leben viel bewußter als vorher.

Im Angesicht des Todes sind wir alle gleich. Egal wieviel Besitz wir angehäuft haben, alles bleibt zurück. Wenn wir dieser Tatsache nicht erst in unserem letzten Moment, sondern bereits mitten im Leben

Beachtung schenken, werden wir unseres Lebens und Körpers und unserer Umwelt auf neue Art bewußt.

Gerade das Akzeptieren des Todes scheint uns umso mehr im Leben zu verwurzeln. Wer diese Stufe erlangt hat, den schmerzt Gedankenlosigkeit und Zerstörung im Umgang mit allem Lebendigen ganz besonders. Es werden heute viele zerstörende und tödliche Dinge von Menschen getan. Fast könnte man glauben, sie wüßten nicht, was sie tun, wenn sie Menschen, Umwelt und die Erde selbst berauben, ausbeuten und töten.

Vielleicht ist uns tatsächlich das Bewußtsein für Endgültigkeit verlorengegangen. Der Mensch haust heute so auf dieser Erde, als gebe es keine Grenzen für seine Untaten, kein Ende, keinen Verlust und Tod. Der Gedanke an den Tod wird aus unserem Alltag hinausgedrängt, denn dieses Wissen ist schmerzhaft, nicht nur wegen des innewohnenden Verlustes, sondern auch, weil er dazu zwingt, die eigenen Handlungen zu prüfen. Wenn wir zutiefst wissen, daß wir selbst sterben, dann wissen wir auch, daß wir sterben lassen können. Das Bewußtsein des Todes gibt uns gleichzeitig das Wissen ums Töten. Diese Gewißheit hält uns zu einem bewußteren Umgang mit uns und allem Lebendigen an.

Bei Naturvölkern sind die Mysterien von Leben und Tod einander noch nicht entfremdet. Beide gehören sie zum großen göttlichen Schöpfungszyklus. Der Tod wird nicht verdrängt, sondern als Übergang in eine andere Lebensform angesehen und oft als krönender Abschluß des Lebens gefeiert. So betrachtet wird die Karte Tod zu einer Bewußtseinspforte, die zu einer besonderen Wertschätzung des Lebens führt und sie verliert den Schrecken, mit dem ihr viele Menschen begegnen.

Auf einer anderen Ebene bedeutet Tod auch Initiation. Wenn bei Naturvölkern die jugendlichen Mädchen und Jungen initiiert werden und danach den Reihen der Erwachsenen angehören, dann ist für sie nach den Ritualen die Kindheit unwiederbringlich verloren. Die Kinderzeit ist tabu und der Mensch identifiziert sich mit neuen Pflichten und Verantwortlichkeiten. Die Kleidung wechselt, oft auch der Name und sie erhalten Schmuck und Attribute der Erwachsenen. Oftmals werden die Kindersachen rituell zerstört, um dem Loslösungsprozeß eine äußere Entsprechung zu geben.

Auch für uns gibt es solche Übergänge, die wir in unserer Kultur jedoch meist achtlos übergehen. Mit dem Schulanfang beginnt der Ernst des Lebens, die kindliche Freiheit, das Spielen und Herumstreunen hat ein Ende, neue Pflichten rufen. Das Ende der Pubertät wird bei uns nicht rituell gefeiert, aber für die Einzelnen bedeutet dieser Übergang ebenso das Loslassen der Jugendzeit. Das Leben erhält nun mit der Sexualität eine neue Dimension und neue Verantwortlichkeiten. Mit dem ersten Kind beginnt wieder ein neuer Abschnitt des Lebens, die Verantwortung der Elternschaft. Wenn die Kinder erwachsen sind, ausziehen und selbst Familien gründen, bedeutet dies für viele, daß sie nun zum *alten Eisen* gehören. Auch hier ist ein Tod zu überwinden, damit wieder etwas Neues beginnen kann. Ganz speziell Frauen lassen in einem bestimmten Alter ihre Gebärfähigkeit hinter sich. Dies ist ein Tod, der von vielen sehr körperlich empfunden wird. Doch auch er markiert nur wieder den Beginn von etwas Neuem.

Das ganze Leben ist vom Bild des Todes als Pforte zu neuen Anfängen durchdrungen. Mit jeder Einweihung auf eine neue Stufe, lassen wir Altes unwiederbringlich zurück. Es ist notwendig, daß wir diesen Verlust betrauern und unsere Gefühle dabei nicht verdrängen. Durch die Trauer mit all ihrem emotionalen Ausdruck, der neben Tränen auch Wut beinhalten kann, lösen wir unsere Gefühle von dem Vergangenen. Lassen wir die Trauer nicht zu, bleiben wir im Alten gefühlsmäßig haften und können nichts Neues beginnen.

Die Karte Tod sagt uns, daß wir etwas hundertprozentig hinter uns lassen müssen, weil ein großer Neubeginn bevorsteht. Prüfe, ob du wirklich getrauert und losgelassen hast, denn diesen wichtigen Punkt kannst du nicht überspringen. Er holt dich irgendwann wieder ein. Gestehe dir auch deine schmerzhaften Gefühle und die Wut auf dein schlimmes Schicksal ein und bringe sie zum Ausdruck.

Die Zahl 13 ist in der Überlieferung des Neuen Testaments als Unglückszahl gebrandmarkt. Ich sehe darin den Beginn von Verdrängung, sowohl der alten Naturreligionen, denen die Zahl 13 heilig war (wie auch den Hexen), als auch der Tatsache des Todes als Bestandteil des Lebens. Seit der 13. Apostel Jesus verraten hat, wird dieser Zahl Schlechtes zugeschrieben. Dabei erfüllte der Dreizehnte nur den göttlichen Plan. Die 13 hat Beziehungen zur 3, der Zahl der Mutter Natur. Die dreifaltige Göttin besitzt 3 Aspekte, den der Jungfrau, den der Mutter als Bewahrerin des Lebens und den der Alten, als der Verschlingerin der von ihr geschaffenen Formen. Sie verleibt sich alles wieder in ihren Urschoß ein, was einst aus ihr kam. Die Farben Schwarz, Weiß und Rot gehören hierher.

Die Karte Tod ist mit dem Prinzip des Skorpion verwandt. Das Zeichen Skorpion beinhaltet starke Transformationskräfte und erweitertes Bewußtsein, das aus oftmals harten Erfahrungen resultiert. Durch Transzendierung von Erfahrung gelingt der Sprung in eine höhere Ebene.

Stichworte: Loslösung, Absterben von Verbrauchtem und Verlebtem, Initiation, Übergang in eine neue Dimension, Schmerz, Verlust, Trauer

Das Reich des Todes ist nicht von ewiger Dauer, vielmehr zeigt diese Tarotkarte einen Übergang, verbunden mit dem Loslassen von etwas Altem, Verbrauchtem. Danach findet ein Neuanfang statt, der in der Karte 14, die Mäßigkeit, dargestellt ist. Meist siehst du darauf ein engelhaftes Wesen, das in jeder Hand einen Krug hält und Wasser von dem einen in den anderen gießt.

Stell dir vor, du hast zwei Gefäße. In dem einen ist Selters, in dem anderen Limonadensirup. Nun willst du beides ohne Zuhilfenahme eines Löffels mischen. Wenn du den Sirup ins Wasser schüttest, fällt er aufgrund seiner klebrigen Zähigkeit einfach auf den Grund des Gefäßes. Gießt du das Selters zum Sirup, so wird dieser etwas aufwallen, aber gleichmäßig gemischte Limonade hast du noch immer nicht. Die Lösung bietet sich an, indem du das Ganze einfach einige Male von einem Gefäß ins andere umschüttest. Dadurch mischt sich das Limonadenkonzentrat mit dem Wasser gleichmäßig durch. Einen ähnlichen Prozeß beschreibt der Engel der Mäßigkeit. Durch das Bewußtwerden des Todes wurde unser wandernder Narr gewahr, daß er einst alles Materielle, auch seinen Körper verlieren wird. Doch zurück bleibt, auch das weiß er jetzt, ein Seelenkonzentrat, das zunächst noch keine eigene Form hat. Es muß erst mit dem Wasser des Lebens gemischt werden, damit es wieder genießbar wird.

Psychologisch gesehen stellt der Tod einen Entkondtionierungsprozeß dar. Alte Verhaltensmuster, vielleicht auch Irrwege, verlieren ihre Gültigkeit und du mußt sie loslassen. Zurück bleibt dein konzentriertes Selbst, also das, was du auf deiner tiefsten Ebene wirklich bist. Nun benötigst du die Hilfe des Engels der Mäßigkeit, der dir neue Wege und Verhaltensmuster mischt. Das heißt, eine Kraft in deinem Inneren beginnt zu wirken, die aus den noch verbliebenen, guten und brauchbaren Anteilen deiner Persönlichkeit neue Muster formt.

Die Alchemisten des Mittelalters wußten über diesen Prozeß der Selbstvervollkommnung gut bescheid, sowohl über das materielle, chemische Trennen und Mischen der Grundsubstanz, der materia prima, wie auch über deren psychologische Entsprechung. Es wird heute angenommen, daß das Gold der Alchemisten, neben dem Wunsch nach materiellem Reichtum, auch eine bewußte Allegorie für das Hervorbringen des vollkommenen Höheren Selbst war.

Mit der Karte 14 zeichnet sich eine materielle Wiedergeburt ab. Nach der Annahme des Todes beginnt ein neues Leben, neue Erfahrungen werden gemacht, neue Wege werden gefunden. Vielleicht tust du nun Dinge, die du dir vorher nicht hättest vorstellen können. Wenn die Transformation erfolgreich war, dann hast du dabei unangenehme und schädigende Verhaltensweisen abgelegt, vielleicht bist du auch umgezogen, hast die Stelle gewechselt oder sonstige große Veränderungen in deinem Leben geschaffen, die dir nun einen Neubeginn bescheren. Wenn die Mäßigkeit in deinen Karten erscheint, dann ist dies ein Zeichen dafür daß du die Trauer und die Arbeit des Loslassens bewältigt hast und bereit zum Neuanfang bist.

Laß´ dir Zeit beim Neuaufbau. Du wirst jetzt vielleicht länger brauchen für bestimmte Entscheidungen, weil du unsicher bist. Du gehst jetzt für dich noch unerprobte Wege und wirst vieles neu ausprobieren müssen. Gestehe dir Fehlschläge zu, denn du stehst in einem Lernprozeß, der für dein weiteres Leben wichtig ist. Dein größter Feind könnte jetzt die Ungeduld sein. Laß´ Mäßigkeit walten und halte dir vor Augen, daß du im Augenblick in manchen Bereichen deines Lebens tatsächlich ein ABC-Schütze bist, der ganz von vorn anfängt.

Die 14 hat enge Beziehungen zur 4, zu Ordnung und Struktur, Schaffenskraft und Pioniergeist des Herrschers. In der Tat steht sie für eine neue Ordnung. Die Kraft des Rot, das kommunikative Gelb und Gold als Farbe der Beständigkeit passen gut zur Mäßigkeit.

Astrologisch sehe ich diese Karte mit dem Prinzip des Schützen verbunden. Zukunftsorientiertheit, Optimismus, Neugier und Lebenslust sind charakteristisch für das Zeichen Schütze. Außerdem hat es Bezug zur Philosophie und steht für erweitertes Verständnis, das sich auf bereits durchlaufene Erfahrungen bezieht.

Stichworte: Neubeginn, Erlösung, Wiedergeburt, innere Reinigung, Segen, Neustrukturierung des Lebens, Festhängen am Alten, sich nicht erneuern wollen, nicht weitergehen wollen

Die Ebene des Unbewußten

Nach der Ebene der bewußten Erfahrung tauchen wir ein in die Tiefen des Unbewußten, in jene Bereiche die uns Angst machen, die aber auch wunderbare Kräfte bergen. Hier begegnet unser Narr Kräften aus seiner eigenen Tiefe, denen er sich zum Teil nicht gern stellt. Er kennt viele Ausflüchte, um diese Kräfte nicht als zu sich gehörig ansehen zu müssen, so sieht er sie z.B. nur im Verhalten anderer wirken, während er sich selbst frei davon glaubt.

Ein Charakteristikum des Unbewußten ist, daß es uns eben mit unserem bewußten Denken nicht zugänglich ist. Es erschließt sich uns über Bilder und Symbole, über Empfindungen und Ahnungen, jedoch nicht vermittels Logik oder Berechnung. Die Erlebnisse unseres Narren auf der Ebene der bewußten Erfahrung waren alle real erlebbar. Die Ebene des Unbewußten leuchtet zwar manchmal blitzlichtartig in unserem normalen Alltag auf, im Großen und Ganzen jedoch bleibt sie selbst verborgen. Wir spüren lediglich ihre oftmals eklatanten Auswirkungen auf unser Leben.

Auf dem Weg in seine Tiefen ist unser Narr ganz mit sich allein, verlassen von den anderen Mitreisenden, mit denen er sich vielleicht auf der Ebene der bewußten Erfahrung ausgetauscht hatte. Sein Unbewußtes kann er jedoch nur allein betreten, was bedeutet, daß dieser Bereich auch sehr subjektiv wahrgenommen wird. Hier sind sowohl individuelle und wie auch kollektive Erfahrungen abgespeichert und erst wenn unser Narr auch diese Ebene durchwandert und integriert hat, ist er sich seiner selbst sicher.

15 Der Teufel, 16 Der Turm, 17 Der Stern:
Der innere Kampf.

Die Ebene des Unbewußten fängt mit drei Karten an, denen ich die gemeinsame Überschrift Der innere Kampf gegeben habe. Die Reihe beginnt mit der Karte 15, Der Teufel.

In unserer Kultur nimmt der Teufel den Platz des Widersachers ein, der der Gegenpart des Guten ist. Als Sinnbild des Bösen und Schlechten eignet er sich sehr gut als Abfalleimer für alle Eigenschaften, die wir an uns nicht (wahr-)haben wollen. Er ist ein kollektives Symbol für alles, was nicht in die normale Ordnung des Guten paßt. Wir verteufeln Menschen, Religionen, Handlungsweisen, Ideologien usw., was soviel heißt wie: wir wollen sie in unserem Gesichtskreis nicht haben, weil wir damit nicht richtig umgehen können und uns selbst auch nicht damit identifizieren.

Es ist ein Leichtes, alles wogegen wir, aufgrund unserer eigenen Haltung oder Weltanschauung, unserer Zugehörigkeit zu einer Gruppe oder Nation sind, mit dem Stigma des Bösen zu dämonisieren. Wir glauben, daß wir es damit aus unserer heilen (heiligen) Welt hinausgeschafft haben.

Ist eine Sache einmal verteufelt, dürfen wir gegen sie auch Krieg führen, denn sie ist ja, zumindest aus unserer Sicht, das Böse. Im Kampf des Guten gegen das Böse darf gemordet und zerstört, verurteilt und gesteinigt werden. Hier kann sich unser wandernder Narr einige Orden und Urkunden verdienen, wenn er auf seinem bisherigen Lebensweg seinen kritischen Menschenverstand verloren hat und dadurch vielleicht auf irgendeinen Vorbeter hereingefallen ist. So zeigt sich die Karte des Teufels in negativem Ausdruck.

Die Karte 15 hat Beziehungen zur 5, dem Hohepriester, dem Verfasser und Verfechter von Glaubenssystemen. Jeder Guru oder Führer (oder subtiler auch jede politische Partei oder jedes Denkmodell) kann eine Gruppe von Menschen dadurch zusammenschweißen und zu einer einheitlichen Handlungsweise bringen, daß er sie gegen einen verteufelten Feind aufhetzt. So können die unterschiedlichsten Mitglieder der Gruppe in eine gemeinsame Richtung dirigiert werden, sofern sie sich mitreißen lassen, ohne die Motive zu hinterfragen. Doch meist steht der Ausschluß aus der Gruppe auf dem Spiel und Abtrünnige werden oft selbst verteufelt.

In diesem Sinne symbolisiert diese Karte auch ein Gefängnis aus Denk- und Handlungsweisen, die zur völligen materiellen und geistigen Abhängigkeit führen können. Dies kann sich in Geldgier und übertriebenen materiellen Ängsten äußern oder in der Abhängigkeit von weltlichen Hierarchien.

Freilich benötigen wir alle bestimmte Strukturen und Systeme, an die wir glauben können, die uns Orientierung, Maßstäbe, Ziele und Sicherheit geben. Unser wandernder Narr könnte bei dieser Karte aber einem Schwarz/Weiß-Denken verfallen, das ihn glauben läßt, er könne die Vielfalt des Lebens aufgrund seines kleinen menschlichen Begriffsvermögens in gut und böse unterteilen. Diese Anmaßung erinnert an den biblischen Teufel, der eigentlich ein Engel war, der sein wollte *wie Gott* und dadurch aus der himmlischen Ordnung herausfiel. Sollte unser Narr von sich selbst so eingenommen sein, daß er sich für den lieben Gott hält, dann könnte er in seinem Kampf gegen das Bild des bösen Teufels selber zu einem gefallenen Engel werden.

Der psychologische Aspekt des Teufels ist unser *Schatten*, d.h. der Teil von uns, der für unser Bewußtsein im Schatten, im Unsichtbaren liegt. Für gewöhnlich enthält unser Schatten jene Eigenschaften von uns, die bei unserer Erziehung verteufelt wurden. So ist in unserem Kulturkreis auch unsere Sexualität dort zu finden, an dem Platz, wo alles vermeintlich Schmutzige, Böse und Schreckliche aufbewahrt wird und darauf wartet, eines Tages beleuchtet zu werden.

Sicherlich lagert an diesem Ort noch mehr, das in Wirklichkeit gar nicht böse oder schrecklich ist, sondern nur dorthin geraten ist, weil wir es einst nur in einem bestimmten Kontext erlebt haben. Es lohnt sich auf jeden Fall für unseren Narren, wenn er sich auf diese Tarotkarte einläßt, denn sie ist der erste Schritt in die Tiefen des eigenen Unbewußten.

Sieh dir das Bild des Teufels genau an. Ist es ein furchterregender, schrecklicher Geselle oder wirkt er bei näherem Hinsehen gar nicht mehr so gräßlich? Vielleicht hast du auch einen, der dir listig zuzwinkert oder dessen Blick eher um Mitgefühl und Erlösung fleht.

Das Annehmen des Schattens bewirkt Erlösung und Befreiung. Außerdem ist ein Mensch, der seinen Schattenseiten angenommen hat, großzügiger und verständnisvoller für die Fehler der anderen. Dadurch entsteht erst wirkliches Mitgefühl und die tiefere Einsicht, daß im Grunde alle Menschen gleichen Ursprungs sind. Erst aufgrund der Annahme des Schattens wird der Mensch frei von der Projektion negativer Anteile auf die anderen oder gar *die Bösen*. Dies wiederum ist die Grundlage für echte Liebe.

Wenn der Teufel beim Kartenlegen auftaucht, reagieren viele Menschen natürlicherweise zunächst einmal mit Ablehnung, denn wer will schon mit dem Teufel im Bunde sein. Jetzt ist es jedoch an der Zeit, die eigenen geistigen und materiellen Abhängigkeiten einmal zu prüfen. Betrachte deine Ansichten und Meinungen genauer, vor allem jene, die sich auf die schlechten Seiten von anderen Menschen beziehen. Vielleicht findest du unter diesen schlechten Seiten auch einige von dir! Möglicherweise bist du von deinen festgefahrenen Ansichten abhängig und erstickst dadurch alles Neue, das sich in deinem Leben zeigen will. Gestehe dir deine eigenen „schmutzigen" und verbotenen Wünsche ein und versuche, sie zum Ausdruck zu bringen, allerdings ohne dabei verletzend oder zerstörerisch zu werden.

Wichtig an unserer Schattenseite ist, daß wir sie erkennen, damit wir wissen, was für Leichen in unserem Keller liegen, um mit ihnen in der richtigen Weise umgehen zu können. Oftmals sind hier auch große kreative Potentiale und Fähigkeiten vergraben, die wir einfach irgendwann einmal vergessen haben, weil sie jemand verteufelt hat. Nun trauen wir uns nicht mehr, sie hervorzuholen, denn sie befinden sich ja am Ort des Schrecklichen. Es ist immer mit Angst verbunden, diese Inhalte anzupacken, auch wenn sie im Grunde etwas Positives sind. Laß´ dich durch deine Angst nicht vom Hinschauen abhalten, vielleicht stößt du ja wirklich auf einen verborgenen Schatz.

Astrologisch ist die Karte mit den einander gegensätzlichen Planeten Saturn und Mars verwandt. Saturn wird auch der Hüter der Schwelle genannt. Lange Zeit war er der äußerste bekannte Planet des Sonnensystems und man vermutete nach ihm nur die unbekannte Tiefe des Universums. In der heutigen Astrologie betrachten wir Saturn als Grenze unserer Persönlichkeit, während die uns erst heute bekannten weiteren Planeten Uranus, Neptun und Pluto, Kräfte des Unbewußten symbolisieren. Auch die Karte des Teufels zeigt uns unsere Grenzen, sowohl die materiellen, wie auch die geistigen und es gilt zu entscheiden, ob sie eher ein Gefängnis oder eine gesunde, konstruktive Orientierungsgrundlage sind.

Mars, der römische Kriegsgott, symbolisiert Kraft, Energie, Trieb und Aktivität. Wird die Marskraft nicht konstruktiv ausgelebt, sondern unterdrückt und verdrängt, dann wendet sie sich entweder zerstörerisch nach innen oder sie bahnt sich einen wahrhaft teuflisch wirkenden Umweg nach außen. Der Versuch, die verdrängten Inhalte durch stellvertretende Handlungen zu befreien, könnte auch für andere Menschen gefährlich werden.

Mars und Saturn sind einander entgegengesetzte Kräfte. Die Karte 15 kommt mir vor wie ein Vulkan. Saturn ist der steinerne Deckel, aber innen brodelt es marsisch-feurig. Ein Vulkanausbruch kann zwar zerstörend sein, aber nach einiger Zeit entsteht aus der Lava fruchtbarster Boden. In jedem Fall führt der Teufel des Tarot uns zu inneren Geheimnissen, die wir sogar vor uns selbst verborgen halten. Die klassische Teufelsfarbe ist Schwarz in Verbindung mit Rot. Für mich gehören jedoch auch das kreative Grün und die materiellen, braunen Erdtöne hierher.

Stichworte: Schattenaspekt, negative Projektionen, Verteufelung, Sexualität, die verbotenen Wünsche, Verdrängtes, (materielle) Abhängigkeit

Das Annehmen unserer verteufelten Seiten führt zu einer grundlegenden psychischen Veränderung, die von der Karte 16, Der Turm, gezeigt wird. Die meisten Tarotkarten zeigen einen fensterlosen Turm, das Bild unseres Gefängnisses aus festen Meinungen und Denkschemata, die keinen Blick nach außen zulassen, genausowenig wie von außen etwas hereinkommen kann. Doch dieser Turm wird nun durch einen Blitz oder Lichtstrahl, d.h. durch bewußtes Hinschauen und Erkennen zerschmettert. Die Menschen, die in diesem festgefügten Gebäude gewohnt hatten, müssen sich durch einen herben Sprung in die Tiefe retten. Sie hatten sich ihre Welt gerade so schön zurechtgelegt, doch nun sind sie ohne Haus.

Im übertragenen Sinn bist auch du ohne Haus, wenn du diese Karte ziehst, nämlich ohne die gewohnte psychische Struktur, ohne deine alten Glaubenssätze, an denen du dich jahrelang festgehalten hattest. Dein bewußtes Hinschauen auf die alten Muster wirbelt dein gesamtes enges Weltbild durcheinander, was ein sehr schmerzhafter Prozeß sein kann. Du fühlst dich ohne deine Schutzmauer verletzlich, aber sie hat dich einst nicht nur geschützt, sondern auch eingesperrt. Nun ist es Zeit, den alten Muff selbst aus den letzten Winkeln deines Inneren auszutreiben.dabei wird durch das Auge des göttlichen Bewußtseins manche Illusion aufgedeckt, an die du fest geglaubt hattest. Diese Karte beinhaltet auch Ent-Täuschung im wahren Sinn des Wortes. Die Täuschung hat ein Ende und du siehst nun die ganze Wahrheit, sowohl deine eigene, als auch die anderer, denn je mehr wir von uns selbst sehen, desto mehr können wir auch andere Menschen erkennen.

Die Zerstörung der alten Muster mit all der Verletzlichkeit, Angst und Unsicherheit, die sie für uns bedeutet, birgt gleichzeitig die Erneuerung in sich. Du hast es in der Hand, ob du einen neuen Gefängnisturm errichtest oder ob du vielleicht ein offenes Haus baust, in dem Menschen ein und aus gehen und das von der Sonne durchflutet ist.

Jetzt ist jedenfalls durch die Auflösung des Alten die Möglichkeit zu einer großangelegten inneren Veränderung gegeben. Dies muß sich aber nicht ausschließlich auf der psychischen Ebene abspielen, denn wenn du dich innerlich veränderst, so ergeben sich auch im Außen entsprechende Neuerungen. Diese Verwandlung geht jedoch immer von dir aus, sie kommt nicht einfach von außen auf dich zu, wie bei der Karte Tod.

Beim Turm siehst du höhere Einsichten wirken, die aus deinem Selbst kommen, gleichsam als wollte dein Höheres Selbst dich korrigieren, indem es zerstört, was nicht zu deinem wahren Wesen gehört. Es kann sein daß es dich völlig aus der Bahn wirft, weil du schon zu lange und zu entschieden einen falschen Weg gegangen bist. Dann wird dein Höheres Selbst dich auf irgendeine Weise zum Umdenken zwingen, damit du nicht weitermachst wie bisher. In diesem Sinne ist die Karte 16 auch ein starkes Symbol für Heilung. Du wirst wieder heil, wieder ganz, weil du abwirfst, was dein wahres Sein behindert.

Astrologisch ist die Karte mit dem Prinzip von Pluto verwandt. Pluto, der Gott der Unterwelt, ist Schöpfer und Zerstörer in einem. Sein Einfluß ist stets gewaltig und transformierend und wird von ungeheueren Kräften begleitet. Er symbolisiert den Prozeß von Tod und

Wiedergeburt auf mystischer Ebene. Rot, Schwarz und Weiß sind die Symbolfarben für diesen Prozeß.

Die Zahl 16 hat eine Verbindung zur Karte 6, den Liebenden. Damals verspürte unser wandernder Narr das erstemal seine eigenen Gefühle. Es ist seitdem viel Zeit vergangen. Hier beim Turm, wird er wieder mit seinen Gefühlen konfrontiert, indem seine emotionalen Verkrustungen aufgelöst werden.

Stichworte: Auflösung der alten Muster und der Schranken des Ego, Transformation, Hinschauen, Wahrheit, Selbsterkenntnis, schmerzliche Bewußtwerdung, Zerstörung, Chaos

Durch das Erlebnis des Turms ist unser Narr sicher tiefgreifend berührt und verwandelt worden. Wie wohltuend erscheint ihm nun das Bild der Karte 17, der Stern. War beim Turm alles laut und schrill und heftig, so ist es hier nun friedlich und still. Ein wunderbarer Stern leuchtet und eine nackte Frau sitzt an einem glucksenden Bach, ein Vogel singt, Blumen blühen.... .

Vergessen sind Gewalt und Kampf. Hier ordnet sich alles wieder zum Guten. Der Stern ist wie ein Sendbote des Himmels, der uns die Heilsbotschaft bringt. Diese Karte zeigt sowohl tiefe Regeneration, als auch die Fähigkeit zu einem tieferen Verständnis der vorangegangenen Offenbarung des Turms an. Du solltest immer auch an den Stern denken, wenn du die Karte des Turms ziehst, denn stets folgt der Stern auf den Turm. Der Stern sagt dir, daß selbst auf den größten Umbruch Ruhe und Frieden folgen. Die nackte Frau auf dem Bild ist daher voll innerer Weisheit und Klarsicht. Der Turm, Sinnbild ihrer alten Muster und Anschauungen ist fort. Ihre Nacktheit zeigt die Seele blank, ohne Verhüllungen und Masken.

Durch die Zerstörung des Turms wurde neues Bewußtsein geschaffen und auch die spirituellen Kanäle sind nun gereinigt. Um wahre Inspiration zu empfangen, muß ein Mensch sich erst reinigen von der Übermacht des Ego. Das Ego empfängt keine geistige Botschaft, denn es ist nicht empfänglich und offen. Erst die Annahme des Schattens (beim Teufel) und die Auflösung der alten egohaften Sichtweise (gezeigt beim Turm) bereiten den Boden für die spirituelle Umwandlung. Nun bist du in gutem Kontakt mit deiner inneren Stimme und kannst dich von ihr führen lassen. Vertraue deinen Eingebungen! Manchmal steht die Karte auch für den Kontakt zum Schutzgeist oder Engel oder etwas ähnlichem. Betrachte dieses Bild ausgiebig und tauche ein in diesen himmlischen Frieden.

Die Zahl 17 hängt mit der 7, dem Wagen zusammen. Beim Wagen hat sich unser wandernder Narr auf die große Entdeckungsreise in die Welt hinein begeben. Mit dem Stern ist er bei sich selbst angekommen.

Der Stern ist verwandt mit dem Tierkreiszeichen Wassermann. Das Prinzip des Wassermanns erschafft Ideale und Visionen von einer besseren, schöneren Welt, in der selbstverantwortliche Individuen zusammenleben und gemeinsam wirken. Bei der Karte Stern ist unser Narr auf dem besten Wege, ein eigenständiges Individuum zu werden. Er hat nun die Fesseln der alten und begrenzten Sichtweise gesprengt und lenkt den Blick frei in die Zukunft. Herrscher des Wassermann ist Uranus. Er steht u.a. für Reformen und grundlegende, revolutionäre Erneuerungen. Wässrige, lichte Blautöne und Weiß, sowie Grün passen gut zum Stern.

Stichworte: Frieden, Regeneration, Erneuerung, Reinigung, kosmischer Kanal, Befreiung, Inspiration, Abgehobenheit, Phantasterei, verliert sich in Visionen und in spiritueller Suche (spirituelle Sucht)

18 Der Mond, 19 Die Sonne:
Die Überwindung der Dunkelheit.

Die nächste Karte ist die 18, Der Mond. Hier muß unser Narr eine Pforte durchschreiten, die oft von schreckenerregenden Wächtern gehütet wird. Symbolisch ist diese Pforte das Tor zu unserem Unbewußten und zum Unbekannten. Bei der Karte des Teufels hat er sich zu diesem Weg entschlossen und seine eigenen Schwächen und negativen Seiten angenommen. Nun steht der Narr wieder vor der Tür zu unbekannten Tiefen. Dies ist der Eingang zu jenem Ort des Schreckens, an dem sich die vergangenen Erfahrungen abgelagert haben.

Wenn unser Narr die Pforte durchschreitet, begegnet er vielleicht nochmals unangenehmen, vergessenen Inhalten in seinem Unbewußten, vor allem aber seinen Ängsten. Gleichzeitig hat er aber auch die Möglichkeit, die dort verborgenen Schätze zu entdecken. Vielleicht findet er Fähigkeiten und Potentiale in sich, die er bisher nicht beachtet hatte, ja von denen er noch nicht einmal ahnte, daß er sie besitzt. Sollte unser Narr voller Schrecken zurückweichen, dann bleiben auch seine Schätze für ihn unerreichbar.

Das Tor des Mondes wirkt auf uns so mächtig und gigantisch, weil es entstanden ist, als wir tatsächlich noch klein waren. Die wichtigen

Menschen in unserem Leben samt ihren Ansichten und Meinungen waren für uns damals mächtig und groß. Schließlich waren sie Erwachsene und wir nur die kleinen Kinder, die zu ihnen aufschauten.

In genau dieser Perspektive erscheint uns das Tor zum Unbewußten. Deshalb kommt es uns mächtiger vor, als es in Wahrheit ist, denn jetzt sind wir selbst Erwachsene. Wenn unser Narr sich nicht beeindrucken läßt, sondern mutig auf das Tor zugeht, dann wird er feststellen, daß die mächtigen Türme und die schrecklichen Wächter allenfalls genauso groß sind, wie er selbst, meist jedoch viel kleiner. Vor vielen Dingen, die uns als Kinder Angst machten, brauchen wir uns als Erwachsene nicht im Geringsten fürchten. Dies ist die Lektion der Karte des Mondes.

Sie drückt auch die Ängste aus, die im Inneren aufsteigen, wenn wir etwas völlig Neues, Unbekanntes beginnen. Teufel, Turm und Stern haben die Persönlichkeit vollkommen verwandelt. Ohne die alten Verhaltensmuster entsteht zunächst Unsicherheit, denn alles erscheint neu und ungewohnt. Der Mensch muß sich jetzt erst wieder ordnen und mit neuen Zielen identifizieren. Der Mond läßt noch keine klare Sicht zu, sondern zeigt ein Stadium, wo sich das meiste noch im Dunkeln befindet, wo wir uns aufs Fühlen und auf die Intuition verlassen müssen.

Wenn der Mond beim Kartenlegen auftaucht, dann prüfe deine größten Ängste und Befürchtungen, unter denen du vielleicht gerade leidest, auf ihren Bezug zum Jetzt. Möglicherweise handelt es sich um unverarbeitete Kindheitsängste, die du jetzt erkennen und auflösen kannst. In uns allen steckt das kleine Kind, das wir einmal waren und das so gern erlöst werden möchte. Der Schritt, den die Karte des Mondes von dir verlangt, führt zur Befreiung deines inneren Kindes, deiner inneren schöpferischen Kraft.

Du könntest nun versucht sein, dich in Depressionen oder Krankheiten zu flüchten, damit du dich nicht mit den alten Mächten auseinandersetzen mußt. Halte dir vor Augen, daß du erwachsener und verantwortungsvoller wirst, wenn die fremde, dich begrenzende Übermacht aus erlernten Verhaltensweisen in deinem Inneren schrumpft. Oft besteht diese Übermacht aus negativen Glaubenssätzen, die dir andere früher eingeprägt haben, wie z.B. „Das geht doch nicht!", „Das gelingt nie!" usw. Überwinde diese Zweifel. Dadurch gelangst du zu deinem wahren Sein und zu deiner Bestimmung.

Die 18 hat Verbindungen zur 8, der Gerechtigkeit. Auch hier beim Mond ist, wie bei der Gerechtigkeit, eine Entscheidung bzw. Unterscheidung notwendig, allerdings auf einer tieferen Ebene. Beim Mond geht es um nichts Geringeres, als um die Entscheidung für unser wahres Selbst. Auch auf die Gefahr hin, daß wir damit von den Vorstellungen, die andere für unser Leben hatten, abweichen, müssen wir unserem eigenen Weg folgen. Wir entdecken jetzt unseren eigenen Plan und unsere eigene Kraft.

Astrologisch ist das Prinzip des Neptun hier zu finden. Neptun ist ein Planet des Unbewußten und er ist zuständig für Illusionen, Täuschungen, Traum und Phantasie. Aber er fordert auch zur Enthüllung heraus. Folgen wir der Herausforderung nicht, so werden wir die Illusion unserer kindlichen Angst und Schwäche nicht überwinden. Die Farbe des silbrigen Mondlichts und bläulichgraue, schattige Farbtöne gehören hierher.

Stichworte: der neue Weg, das Unbekannte, Überwindung der Angst, Nacht, das Unbewußte, alte Ängste, Zweifel

Wenn unser Narr es geschafft hat, das Tor des Unbekannten zu durchschreiten, dann wartet eine große Belohnung auf ihn. Die Karte 19, Die Sonne, zeigt in der Regel eine vollkommene innere Befreiung. Hier ist unser inneres Kind nun frei. Dementsprechend groß ist die Freude. Im leuchtenden Sonnenlicht des Bewußtseins tritt das wahre Selbst in Erscheinung.
Die Sonne des Tarot zeigt innere Entfaltung höchster Güte. Auf dieser Stufe hat unser Narr das Bewußtsein seines innersten Wesenskerns

erlangt. Hier schaut die Seele Gott. Ein Gefühl von himmlischer Freude begleitet dies. Im Alltag mag sich dies als erhöhtes Selbstvertrauen und kraftvolle Stimmung zeigen. Wenn die Hürden der vorangegangenen Karten geschafft sind, ist wahrhaftes Selbst-Bewußt-Sein möglich.

Bei der 19 ist der Eremit von der Karte 9 angekommen. Dort hat er sich auf die Suche nach seinem inneren Licht gemacht, nun hat er die Sonne, die auch astrologisch das Symbol für unser bewußtes Selbst ist, erreicht. Das Unbewußte ist beleuchtet, er weiß wer er ist. Leuchtendes Gelb, Weiß und Gold sind nun seine Farben.

Astrologisch gehört selbstverständlich die Sonne zur Karte 19, die im Horoskop unseren Wesenskern, unsere Mitte symbolisiert. Wenn du diese Karte ziehst, ist sie stets ein Symbol für Bewußtsein und Erkenntnis auf tiefster Ebene und für die damit verbundene große Freude. In diesem Zustand bist du wahrhaft selig und eine tiefe Zufriedenheit tut sich in dir auf.

Aber du darfst diesen Zustand nicht festhalten wollen, sonst kippt er von tiefer Wahrheit in falsche Fröhlichkeit um. Erleuchtung, Erlösung und ein freudiges Hochgefühl sind Geschenke, die du weder verlangen, noch aufsuchen oder herbeiwünschen kannst.
Echte Geschenke kannst du nur empfangen, in völliger Einfachheit und Nacktheit, so wie die Frau beim Stern. Wenn du forderst oder erwartest oder umgekehrt von dir eine Gegengabe erwartet wird, dann handelt es sich nicht um Geschenke, sondern um Tauschhandel. Viele spirituelle Sucher proben sogar einen Tauschhandel mit Gott, nach dem Motto: Ich bete, meditiere, oder übe sonstwas recht fleißig und du gibst mir die Erleuchtung dafür.

Dies wäre die negative Aussage der Karte, ebenso wie die *Ego-Inflation*, die dann entsteht, wenn zuvor der Schatten nicht wirklich angenommen wurde. Dann hält sich der Mensch in einem völlig überzogenen Selbstbewußtsein für vollkommen. Die Identifikation mit dem Licht der Sonne bläst dann das Ego regelrecht auf und es bleibt zu hoffen, daß z.B. die Kraft der Gerechtigkeit regulierend eingreift und die heiße Luft herausläßt, denn es genügt nicht, sich nur einfach mit Lichtwesen und Heiligen zu identifizieren, um befreit zu sein.

Stichworte: Selbstbewußtsein, Vertrauen, Glaube an sich selbst, Kraft, Ausstrahlung, Freude, die innere Mitte, mystisches Licht-Erlebnis, zwanghafte Fröhlichkeit, hält sich für „erleuchtet", Ego-Inflation

20 Das Gericht, 21 Die Welt: *Endlich neu geboren.*

Die Karte 20, Das Gericht (Das Äon), heißt in manchen Spielen auch die *Auferstehung*. Damit erinnert sie an das biblische Jüngste Gericht, an die Auferstehung der Toten. Tatsächlich repräsentiert diese Karte eine Auferstehung, ja sogar eine Wiedergeburt *des Fleisches*. Viele Tarotspiele zeigen auch das entsprechende Bild dazu.

Wollte unser Narr auf ewig im seligen Licht der Sonne verharren, so wäre er für die Welt verloren. Ganz in außerirdischer Erleuchtung gefangen, würde er die materielle Seite seines Lebens vollends vergessen. Und so erklingt denn auch nach seiner großen inneren Erfahrung der Ruf, der ihn wieder in die Realität zurückholt. Jeder spirituelle oder psychologische Bewußtseinsweg, der uns in unser Unbewußtes hineinführt, muß auch die Rückfahrkarte beinhalten, sonst entsteht daraus Entfremdung gegenüber der materiellen Seite des Lebens.

Solange wir einen Körper besitzen, der hier auf Erden wandelt, müssen wir uns auch um die irdischen Erfordernisse kümmern und die erdhafte Seite alles Lebendigen achten. Wenn wir vor ekstatischer Verzückung vergessen, unserem Körper Nahrung zuzuführen, stirbt er. Wenn wir uns in spiritueller Abgehobenheit und Selbstbezogenheit nicht mehr um unsere Erde kümmern, sondern die Zerstörung voranschreiten lassen, geht sie zugrunde.

Bei der Karte 20 liegt das Motiv einer Auferweckung von den Toten nahe, weil die von der Sonne repräsentierte Erweiterung des Bewußtseins und das innere Wachstum solange tot bleibt, wie es nicht in das ganz normale Leben integriert ist. Erst wenn Erleuchtung lebendig wird, ist sie wahrhaft vollendet. Durch den Ruf, der in unserem Inneren erklingt, wird die Verwirklichung des Selbst zum Leben erweckt. Nun gibt es kein Umkehren mehr, denn die Selbstverwirklichung ist zur existentiellen Notwendigkeit geworden. Unser Narr muß seiner wahren Berufung folgen, doch dazu hat er nun auch die Kraft.

Wenn diese Karte in deinem Legemuster erscheint, dann weiche deinem wahren Weg nicht aus. Suche nach Möglichkeiten, wie du deine gesamten Fähigkeiten zum Ausdruck bringen kannst. Vielleicht bedarf es dazu größerer Veränderungen in deinem bisherigen Leben, in deinem Denken und Handeln. Überlege, wie du dein Potential entfalten möchtest. Du kannst nun viel vollbringen, was du früher nicht für möglich gehalten hättest.

Manchmal erscheint diese Karte auch im Zusammenhang mit karmischer Erkenntnis, die vielleicht im Zuge einer Rückführungstherapie oder durch Träume und unterbewußte Bilder offenbart wird. Das bedeutet, daß du nun bereit bist, dein Leben in einen größeren Zusammenhang von mehreren Inkarnationen zu stellen. Du hast die Möglichkeit, zu erkennen, daß das was im Jetzt geschieht uralte Ursachen hat, die du von Inkarnation zu Inkarnation weitergetragen und durch entsprechende Handlungen immer wieder neu manifestiert hast. Nun bist du in der Lage, dies zu sehen und - was das Wichtigste ist - loszulassen. Dadurch können karmische Zwänge überwunden werden.

Mit der 20 beginnt eine neue Dimension. Bei der Karte 10 hat unser Narr einen Blick auf das Lebensrad geworfen und Verständnis über seine Funktion und die Gesetze des Lebens erlangt. Aber er hatte damals noch keine Möglichkeit, Einfluß auf den Lauf des Rades zu nehmen. Hier bei der 20 jedoch befindet er sich wirklich in der Mitte des Rades und erkennt sich selbst als die Energie, die sein Leben antreibt. Dadurch erlangt er die Macht über sein Handeln und kann sein Schicksal wirklich meistern. Rot, die Farbe der Energie und Grün, die Farbe des Lebendigen, aber auch Orange und Gelb für Bewegung und Freude, gehören zu der Karte.

Astrologisch ordne ich dem Gericht die Energien von Pluto und Widder zu. Pluto ist der Planet der Transformation und Verwandlung und daher auch der Wiedergeburt. Die plutonische Verwandlung bringt uns mit eigener und fremder Macht in Berührung und wir müssen den richtigen Umgang damit lernen. Widder ist das Zeichen der Anfangskraft und Aktivität. Die zentrale Aussage von Widder ist: „Ich bin!" Er ist das erste Zeichen im Tierkreis und beginnt mit dem Frühlingspunkt, mit der Geburt des neuerwachten Wachstums in der Natur.

Stichworte: Geburt, Auferstehung, neues Leben, neue Persönlichkeit, Integration, karmische Sicht, Karmaaufarbeitung, sich einer größeren Übersicht verschließen

Nach der Wiedererweckung zum Leben, siehst du in der Karte 21, die Welt, das Symbol für den erwachten Menschen, der ganz bewußt sein wahres Selbst im Einklang mit dem irdischen Sein lebt. Die vier Elemente Feuer, Wasser, Luft und Erde befinden sich in harmonischem

Zusammenspiel, ebenso wie die Energien, für die die zwölf Tierkreiszeichen und die einzelnen Planeten stehen. Die wahren Fähigkeiten sind entfaltet und werden mit Freuden gelebt. Das Leben wird nicht länger als ein vorüberziehender Strom von aneinandergereihten Ereignissen angesehen, sondern ganz bewußt mit allen Sinnen erlebt und durchlebt. Unser wandernder Narr ist nun außen sowie innen ganz. Zur Welt gehört der vollständige Farbkreis mit allen Farben.

Viele Darstellungen der Welt zeigen einen Kreis oder ein Oval, das *kosmische Ei*, aus dem alles entspringt. Manchmal mutet dieses Ei auch wie das eiförmige Energiefeld der Aura an. Diese Person ist vollkommen geschützt. Sie hat oft vier Begleiter bei sich, Tiere und ein menschliches Wesen. Sie stehen in erster Linie für Ganzheit, ebenso wie die schützende Kreisform. Viererstukturen stehen nach C. G. Jung für psychische Ganzheit.

Sie werden aber auch mit den sogenannten *fixen* Zeichen im Tierkreis in Zusammenhang gebracht: mit Stier, Löwe, Skorpion (der in einer höheren Oktave als Adler erscheint) und Wassermann. Die fixen Zeichen symbolisieren Beständigkeit und Festigkeit. Eine weitere Bedeutung der vier Wesen können wir in den Himmelsrichtungen erkennen, mit deren Geviert ja der ganze Erdkreis *abgesteckt* wird.

Wenn du diese Karte beim Kartenlegen ziehst, schließt sich ein Kreis. Deine Sache vollendet sich, was zerbrochen war, heilt in dir. Diesen Zustand solltest du allerdings nicht mit ewiger Glückseligkeit und völliger Problemlosigkeit verwechseln. Auch hier können Schwierigkeiten des Lebens auftreten, aber du hast nun die Fähigkeit, dich nicht davon auffressen zu lassen. Außerdem schenkt dir das Leben alles, was du brauchst, denn du gehst nun deinen wahren Weg und dieser ist stets mit allem versorgt, was du benötigst, um ihn fortzusetzen.

Wie alle anderen Karten des Tarot ist auch die Welt nichts Endgültiges. Wenn du dir die 3 Ebenen des Bewußtseins als 3 Kreise oder Zyklen von Entwicklung vorstellst, die sich wie eine Wendeltreppe immer weiter fortsetzen, dann siehst du deinen Narren als nächstes wie er wieder von vorn anfängt bei der 1 des Magiers. Spirituelles Wachstum, Erleuchtung, innere und äußere Entwicklung sind fortwährende Prozesse, die sich in immer neuen Bereichen vollziehen. Kaum hast du dein Ziel erreicht, öffnet sich ein neuer Weg vor dir.

Wir alle gehen die Wege, die das Leben von uns fordert. Niemand kann wahrhaft von sich behaupten, er sei in jeder Hinsicht weiter oder besser als alle anderen. Unsere Kultur unterliegt einem starken Leistungsdenken, das auch vor spirituellen Dingen nicht haltmacht. So sind manche Menschen geneigt, sich als eingeweihte Erleuchtungselite zu betrachten, die göttliche Privilegien besitzen, weil sie bereits „so weit" sind und so viel an sich gearbeitet haben.

Dies ist die negative Bedeutung der Karte 21. Hier wird Erleuchtung und Vollendung zum Ziel eines spirituellen Wettlaufs und die Sieger stellen sich über andere. Hier kann es leicht passieren, daß unser Narr zurückfällt auf die Stufe des Teufels und diese Lektionen nochmals lernen muß. Oder er wird zur Karte des Hohepriesters katapultiert, der ihn die spirituellen Gesetze aufs neue lehrt. Oder er muß sich der Gerechtigkeit stellen, die Klarheit von ihm fordert. Oder er muß die Initiation des Todes wieder erleben, um sich zu reinigen. Oder... oder...

Stichworte: Vollendung, Erfüllung, Erfolg, Glück, auf dem wahren eigenen Weg sein, Selbsterkenntnis, Reife, Nichtannehmen der jetzigen Entwicklungsstufe

Punktkarten: Die kleinen Dinge des Alltags

Punktkarten nenne ich die Karten der Kleinen Arcana mit den Nummern von 1 - 10. Diese Karten bilden eine Serie von Alltagssituationen innerhalb eines Satzes oder Elements. So ist das As, die Eins, immer das gesamte Potential des Elements, die pure Energie, die noch keine Richtung oder Form hat. Je höher die Zahlen werden, desto differenzierter tritt die Energie auf. Bei der Zehn schließt sich der Kreis wieder, hier wird das volle Potential in einer bestimmten Form in die Außenwelt getragen. Innerhalb der Reihe von 1 - 10 zeichnet sich also wiederum, ähnlich den Ebenen der Großen Arcana, eine Entwicklung ab, diesmal aber mehr auf der alltäglichen, äußeren Ebene.

Die Großen Arcana stellen Wachtumsstufen dar, denen du nicht ausweichen kannst. Du mußt sie annehmen, wenn sie auf dich zukommen. Anders bei den Kleinen Arcana. Sie bezeichnen Handlungsweisen oder Möglichkeiten, die wir zur Verfügung haben. Diese Inhalte kannst du bewußt beeinflussen und verändern. Hier zeigt sich, wie du dein Leben und die Erfahrungen der Trümpfe in der Welt lebst.

Für dieses Wie hast du freie Wahl, wenn wir von konditionierten Stukturen und alten Mustern, die erst Stück für Stück aufzulösen sind, einmal absehen. Doch mit Hilfe des Tarot lernst du, alte Muster und Verhaltensweisen zu erkennen und was dir bekannt ist, kannst du auch ändern.

Gegensätzliche Elemente:

Zu jedem Satz der Kleinen Arcana, wie z.B. Stäbe oder Kelche gehört eines der vier Elemente Feuer, Wasser, Luft und Erde. Psychologisch betrachtet ist jedem Element eine bestimmte Funktion zugeordnet. Wir sind nur dann in Harmonie, wenn die Elemente möglichst ausgeglichen sind und wenn jede Funktion bewußt zugänglich ist. Es gibt nun aber Funktionen, die einander völlig entgegengesetzt sind. Sie können nicht gleichzeitig ausgeübt werden. Verstand (Luft) und Gefühl (Wasser) sind ein solches Gegensatzpaar. Wenn wir total verliebt sind und in Gefühlen schwelgen, dann sind wir nicht gleichzeitig in der Lage, unsere Situation logisch zu überdenken. Das geht nur nacheinander, was dann oft dazu führt, daß uns etwas im Licht des Verstands wie Schuppen von den Augen fällt.

Das zweite Gegensatzpaar ist Intuition (Feuer) und Empfindung (Erde). Hier haben wir zwei völlig verschiedene Wahrnehmungsweisen. Empfindung meint das sinnliche Erleben, das Anfassen, Sehen, Schmecken usw., während Intuition die Ahnungen, das innere Wissen, das Nicht-Erfaßbare umschreibt. Für die intuitive Wahrnehmung müssen wir uns nach innen wenden, uns vor der Außenwelt und ihren bunten Eindrücken abschließen. Wenn wir hingegen ganz mit äußerer Wahrnehmung beschäftigt sind, dann schweigt die Intuition. Hier sollte nach dem sinnlichen Berühren einer Sache das intuitive Dahinterschauen erfolgen (oder umgekehrt), um zu einer vollständigen Wahrnehmung zu gelangen.

Die folgende Skizze verdeutlicht, die einander entgegengesetzten Funktionen:

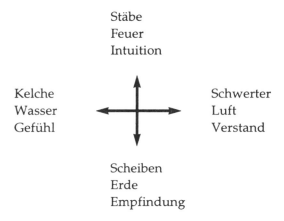

Wir können also sagen, daß zuviel Gefühl uns für die logische Betrachtung einer Sache blind macht, zuviel Denken jedoch hindert uns am Erleben der Gefühle. Genauso verdrängt zuviel Außenempfindung und Ablenkung unsere intuitive Stimme, während wir wegschweben ins Nicht-Erfaßbare wenn wir die Intuition überbetonen. Wir müssen also die vier Elemente im Zaum halten und trotzdem jedes für sich entwickeln und anwenden.

Es gibt Menschen, die sich während eines jahrelangen Studiums keine Liebesbeziehung erlaubt haben. Kopfarbeit hatte also Vorrang vor den Gefühlen. Hier kann es dann passieren, daß die vernachlässigte Gefühlsseite plötzlich und völlig unerwartet ausschlägt. Sie verlieben sich Hals-über-Kopf, tauchen ein in wilde Gefühlsstrudel und fühlen sich überwältigt davon, weil sie nicht gelernt haben, Emotionen sinnvoll in ihr Leben zu integrieren.

Ebenso kann eine der anderen Funktionen bei einem Menschen völlig unterentwickelt sein, was stets mit der Überbetonung der entgegengesetzten Seite einhergeht. Wenn ein Mensch z.b. spirituell abhebt, dann ist er gleichzeitig von einer gewissen Weltfremdheit in den ganz normalen Alltagsdingen, während der pure Materielist oft wenig Intuition besitzt und auch für die spirituelle Welt nicht viel übrig hat.

Beim Kartenlegen siehst du den Überfluß eines Elements daran, daß z.B. viele Feuerkarten auftauchen, die Erde aber fehlt oder es kommen viele Schwerter ohne Kelche. In einem solchen Fall ist es Zeit, das fehlende Element zum Tragen zu bringen, weil es sonst mit der gleichen Vehemenz ausschlagen kann, mit der du zuvor die Gegenseite überbetont hast.

Es ist jedoch so, daß wir alle unsere vier Elemente oder Funktionen im Leben erst nach und nach ausbilden. Wir beginnen mit einer oder zwei Hauptfunktionen, das sind unsere Stärken. Danach kommen die anderen Stück für Stück an die Reihe. Das Leben selbst erteilt uns hierzu die wichtigen Lektionen. Allerdings haben wir einen gewissen Einfluß auf die Härte der Lektionen, wenn wir uns selbst erkennen und die anstehenden Notwendigkeiten rechtzeitig erfüllen.

Solltest du ein Tarotspiel haben, bei dem die Punktkarten abstrakte Darstellungen der Stäbe, Kelche usw. sind, ohne Bilder, besondere Farbigkeit oder Personen zu zeigen, dann mußt du beim Betrachten etwas mehr denken und differenzierter beobachten.

Meine Kurzbeschreibungen beziehen sich auf die Bedeutungen der Zahlenwerte und auf die der Elemente und lassen sich auch für abstrakte Tarots als Grundlage anwenden. Faustregel: Bedeutung der Zahl + Charakterisierung des Elements = Bedeutung der Karte.
Sieh dir in jedem Fall die Abbildungen daraufhin an, ob die Scheiben, Schwerter, Kelche oder Stäbe ein harmonisches Muster bilden oder nicht. Achte auch hier auf deine Empfindungen. Manche Karten zeigen noch Blüten oder Blumenranken, vielleicht auch Tiere, deren Ausdruck dir etwas über die Bedeutung sagen kann. Hier kommt es auch auf Kleinigkeiten an. Beachte, wie sie sich im Laufe der Reihe verändern.

Wenn du ein Bildertarot hast, das Menschen oder ganze Szenen zeigt, dann achte auch auf die Körpersprache der Figuren. Du könntest im Zweifelsfall die Haltungen auch selbst einnehmen, um zu spüren, was sie ausdrücken. Das kann besonders lustig sein, wenn du es mit mehreren Leuten zusammen machst.

Kleine Zahlenmystik zum Tarot:

1 (As)   Anbeginn, Ursprung, das pure Element, Punkt

2   Polarität, Spannung der Gegensätze, Spiegel, Zweifel, Linie

3   Neugeburt, Entspannung, Synthese, Dreieck

4   Stabilität, Ganzheit, Materie, Ordnung, Körper, Quadrat

5	Lebendigkeit, Geist, die 4 Elemente + Äther, Mikrokosmos, Symbol des Menschen, Pentagramm
6	Harmonie, Verbindung von Gegensätzen, Kommunikation, Hexagramm
7	heilige und magische Zahl der Weisheit, Wandel, kosmische Kraft, Reifungsschritt, Übergang, Bewegung
8	Fülle, Gerechtigkeit, Ausgewogenheit, höhere Ebene, liegende Acht: Unendlichkeit
9	Heilung, Ganzheit, Vollkommenheit, Eigenständigkeit, auf sich gestellt sein
10	Vollendung, Abschluß, Ende einer Entwicklung, Bilanz

Je höher die Zahlenwerte steigen, desto differenzierter und spezieller drückt sich das jeweilige Element aus. Dies läßt sich auch geometrisch auffassen. Das As setzt die Kraft des Elements punktuell ein, es ist also erst im Aufkeimen; bei der Zwei bekommt es bereits eine Richtung (Linie); bei der Drei, die als Bild das Dreieck hat, dehnt sich die Kraft in die einfachste aller Flächen und bei der Vier steckt sie sich ein Geviert ab.

Dann beginnen komplexere Formen und Symbole, wie Pentagramm, Hexagramm, oder noch höherwertige Sternglyphen wie der Siebenstern, der achtfache oder neunfache Stern(Enneade). Der Acht könntest du auch das achtspeichige Rad des Lebens als Ganzheitssymbol zuordnen. Die Zehn, die den Zyklus vollendet, wirft uns wieder auf die Eins zurück, allerdings auf einer höheren Ebene. Ende und Anfang liegen hier nahe beisammen.

Das Element Feuer, die Stäbe

Die Stäbe entsprechen dem Element Feuer, Symbol für deine Lebenskraft und Energie, für Freude, Optimismus und Aktivität. Die Funktion des Feuers ist Intuition. Feuer ist nach alter alchemistischer Zuordnung männlich. Feurige Tiere sind u.a. Salamander und Drachen. Die astrologischen Feuerzeichen sind Widder, Löwe und Schütze. Feuer hat Yang-Qualität, ist also aktiv, schöpferisch, ausstrahlend und initiierend.

Mit deiner Feuerkraft kannst du andere begeistern und mitreißen, damit sie mit dir zusammen etwas Neues beginnen. Du gehst das Leben mit natürlichem Optimismus und Selbstbewußtsein an, läßt dich auf alle Herausforderungen ein. Feurig und mutig könntest du die Welt umsegeln oder ein Unternehmen eröffnen, eine neue Beziehung beginnen oder ein verrücktes Fest veranstalten.

Das Element Feuer verbindet dich mit deinen Idealen, mit den Dingen für die du kämpfen willst. Feurige Leidenschaften, hitzige Debatten, glühender Glaube und ein warmes Herz gehören hierher. Wenn du mit Feuerenergie handelst, dann folgst du spontan und ohne Zögern deinen Visionen und Eingebungen. Du hast vielleicht ein hehres Ziel vor Augen, das du mit Dynamik anstrebst, eine heiße Sache, die du gern ins Laufen bringen willst.

Manchmal schlägt dein Feuer über das Ziel hinaus und du wirst hektisch und ungeduldig, verlangst viel von dir und den anderen und manches mag dir vielleicht auch entgleiten, weil dir innere Ruhe und Zentriertheit fehlen. Du sprühst Funken und läufst Gefahr, deine Kraft ziellos zu zerstreuen. Du hast 1000 Ahnungen und Ängste und 10000 Wünsche und Ziele.Vielleicht ist dir bei deiner heißen Sache inzwischen der Boden zu heiß?

Im schlimmsten Fall neigst du zu Unfällen und Streßkrankheiten oder du wirst ungerecht und urteilst vorschnell gegenüber deinen Mitmenschen. Vielleicht bist du ein *workaholic* und glaubst, daß ohne dich die Firma zusammenbricht. Dann wird es Zeit, daß du deine Superenergie abbaust und wieder zu deiner inneren Mitte zurückkehrst.

Du könntest dann beispielsweise Sport treiben, um deiner Kraft ein Betätigungsfeld zu geben. Es nützt nichts, wenn du die Energie unterdrückst. Lebe sie aus, aber ohne dir und anderen zu schaden. Finde Wege, auf denen du kreativ und produktiv mit deiner Energie umgehen kannst, dann trägt dein Feuer dazu bei, deinem Leben Sinn und Richtung zu geben. Es gibt dir die Kraft und Begeisterung eine Sache zu beginnen, bzw. fortzuführen.

Die Tarotkarten der Stäbe behandeln alle feurigen Situationen des Lebens. Wenn du beim Kartenlegen in deinem ausgelegten Blatt ein Übergewicht an Stäben ohne Ausgleich durch die anderen Elemente hast, dann bist du sicher sehr energiegeladen oder auch zu hitzig.

Mit zuwenig oder gar keinen Stabkarten fehlen dir die Qualitäten des Feuers und du fühlst dich vielleicht ausgebrannt und kraftlos. Dann solltest du überlegen, ob du gerade wohlverdiente Ruhe nach besonderen Anstregungen nötig hast oder ob dir ein Impuls zu neuen Aktivitäten abgeht und du etwas in dieser Richtung unternehmen mußt.

Die Stabkarten von 1 bis 10:

Das **Stab-As** deines Tarotspiels zeigt dir sicher das Bild eines einzelnen Stabes. Vielleicht ist er eine brennende Fackel oder aber ein sprossender Ast oder ähnliches. Dieser Stab kann als Fackel Licht bringen (Licht als Symbol für Bewußtsein) und Visionen initiieren oder ein Haus in Brand setzen und alles verzehren. Den Ast kannst du in die Erde stecken, damit er einwurzelt und zu einem neuen Baum wird oder du kannst ihn als Schlagstock den anderen um die Ohren hauen. Dies sind bildhafte Übersetzungen für die verschiedenen Aussagen der Karte.

Es gibt im Tarot keine wirklich schlechte oder gute Karte. Das As zeigt immer die reine Qualität eines Elements, die noch völlig richtungslos ist. Bei den Assen mußt du also erst überlegen, was du mit der Energie anfangen willst, bzw. durch andere Karten in der Umgebung Richtung und Ziel ausdeuten. Wenn du das Feuer-As (oder jedes andere) deutest, dann achte auf die umliegenden Karten deines Legemusters. Sie zeigen dir, wie du das Feuer des Stab-As zum Ausdruck bringst. Ein As sagt dir auf jeden Fall, daß die entsprechende Energiequalität vorhanden ist.

Willst du dem Stab-As handfest näherkommen, dann suche dir beim nächsten Waldspaziergang einen Stock oder Ast, der gut in der Hand liegt und spüre einmal ganz bewußt, wie sich eine solche Verlängerung deines Armes anfühlt. Welche Macht geht davon aus? Oder nimm einen jungen Weidenzweig mit heim und stelle ihn ins Wasser. Nach kurzer Zeit kannst du eine andere Energieform des Stab-As sehen. Der Zweig wird Wurzeln schlagen und sich anschicken, ein neuer Baum zu werden, Sinnbild für Beginn und Fruchtbarkeit.

Die **Zwei** drückt Polarität aus. Für die sonst so zielbewußte Feuerenergie kann dies Zweifel und Zögern bedeuten. Stell dir vor, zwei Leute begegnen sich, jeder mit einem Stock in der Hand. Was passiert? Vielleicht wartet jeder gespannt darauf, was die Gegenseite tut. In vielen Tarotspielen ist dies als ein lähmender und innerlich gespannter Zustand ausgedrückt. Wie wird bei deinem Bild die Polarität dargestellt? Welche Gegensätze findest du? Was für ein Gefühl gibt dir diese Karte?

Bei der **Drei** entspannt sich die Lage bereits wieder. Es kommt eine vermittelnde Energie hinzu, die die Spannung zwischen den zwei Hitzköpfen von vorhin ableitet. Die Feuer-Drei bedeutet Neugeburt und Wachstum der Feuerqualitäten. Hier richtet sich die Energie auf ein Ziel hin. Der erste Schritt wird getan. Etwas Neues beginnt. Wie zeigt deine Stab-Drei die Geburt von neuer Energie?

Die Zahl **Vier** bringt in das Wachstum Stabilität. Vier Beine haben Tisch und Stuhl, damit sie fest stehen. Das, was vorhin geboren wurde, kommt hier zur Vollendung, zur Heilung und Ganzheit. Deine Feuerenergie brennt ruhig und solide. Das spüren auch die Menschen in deiner Umgebung und das berührt sie angenehm.

Bei der **Fünf** kommt wieder Leben ins Feuerhaus. Du kennst das fünfte Rad am Wagen, eigentlich ist es überflüssig, es könnte aber auch sein, daß es eines der vier angestammten von seinem Platz verdrängen will. Bei der Stabenergie bedeutet das Reibung und Konflikte, Wettkampf. Die Funken sprühen. Vielleicht unterdrückst du sie aber auch.

Die Zahl **Sechs** ist hier schon wieder etwas freundlicher und ausgeglichener. Der Konflikt von vorhin ist gelöst, die Flammen sind zu einem gemütlichen Lagerfeuer heruntergebrannt, an dem es sich gut sitzen und schwatzen läßt. Wärme, Geselligkeit, Triumph.

Bei der **Sieben** setzt sich das Feuer wieder in Bewegung. Unter den Trümpfen trägt der Wagen die Zahl Sieben. Hier siehst du die Suche nach neuen Einsatzmöglichkeiten, denn lange ruht die feurige Energie nicht. Es gibt viel zu tun, du packst es an.

Die **Acht** zeigt nun auch den Gebrauch der Stäbe. Hier hat das Feuer etwas mit Kommunikation zu tun. Mit der Zahl Acht beginnt eine neue Ebene, eine neue Dimension. Für die Stäbe als intuitive Funktion bedeutet dies, daß die Visionen und Ideen nun mitgeteilt werden können, sollen, wollen, um sich zu erfüllen.

In der **Neun** siehst du dann die klare Verbindung zu deinem Unbewußten, zur inneren Stimme. Hier ist die intuitive Feuerkraft dabei, sich voll auszubilden. Das kann mitunter Angst oder Mißtrauen erzeugen. Vielleicht hast du auch einen „Schlag abbekommen", weil du dein Feuer vernachlässigt hast oder wieder einmal nicht auf die innere Stimme gehört hast.

Bei der **Zehn** herrscht dann die Unterdrückung der Feuerenergie. Du begrenzt dich und deine kreativen Ausdrucksmöglichkeiten selbst. Nichts Neues darf aufkommen, alles muß fest im alten Trott bleiben, das Alte wird gar nicht hinterfragt. Du hast das volle Potential der Stäbe zur Hand und nutzt es nicht, sondern schleppst es nur mit dir herum, wenn du es aber mit einem Schlag freisetzen wolltest, würde es dich überrollen. Du stehst unter Druck wie ein Dampftopf! Mache dir einen Plan mit realisierbaren Einzelschritten.

Es kann hilfreich sein, wenn du jetzt für jede Karte ganz spontan und ohne langes Überlegen ein Wort findest für den Eindruck, den sie bei dir gerade hinterlassen hat, wie z.B. Hitze, Kraft, wachsen usw. Dadurch regst du deine Vorstellungskraft an und bringst deine Eindrücke und Gefühle in Worten zum Ausdruck, was fürs Kartendeuten ja besonders wichtig ist.

Sieh dir nun auch an, wie sich die Kartenreihe farblich verändert.
Welche Farben herrschen vor?

Sind sie am Anfang der Reihe intensiver oder am Ende?

Was bedeutet für dich z.B. ein intensives Rot oder Orange?

Das Element Wasser, die Kelche

Die Kelche (in manchen Tarots heißen sie auch Schalen, Kessel ö.ä.) entsprechen dem Element Wasser. Die Funktion des Wassers ist fühlen. Wasser ist ein weibliches Element. Die astrologischen Wasserzeichen sind Krebs, Skorpion und Fische. Wasser hat Yin-Qualität, ist also passiv, empfangend, aufnehmend, öffnend.

Die Wasserwelt und ihre Tiere stehen symbolisch für deine Gefühlssphäre, Kreativität, Empfindsamkeit, für Phantasie und Instinkt, sowie Medialität und Hellsicht. Hier findest du Liebe und Haß, deine Subjektivität und deine unbewußten Tiefen. Du verbindest dich mit anderen Menschen im emotionalen Austausch. Dadurch wirst du verletzlich, aber auch mitfühlend und hilfsbereit.

Wasser ist ein Symbol für das Unbewußte in dir. Wir leben derzeit in einer sehr rational und intellektuell betonten Welt, was für die Gefühlsseite zur Unterdrückung führt. Oft ist es nicht vernünftig, Gefühle zu zeigen. Die Angst vor Verletzung läßt uns nach außen hin einen Schutzpanzer anlegen. Wie Einsiedlerkrebse scheinen wir eine harte Schale für unser weiches Inneres zu brauchen, um in der rauhen Umwelt bestehen zu können. Deine Gefühlswelt kann dir daher fremd und mächtig erscheinen, sie kann dich überwältigen und deine Handlungen stark beeinflussen. Die Wasserwelt ist ohne Grenzen, wenn sie einmal fließt, dann solange, bis das Wasser versiegt ist oder ein Damm gebaut wird.

Wasser braucht einen Rahmen, ein Gefäß, sonst verläuft es sich. Der Kelch ist ein solches Gefäß und daher symbolisiert er auch Beziehungen, die der feste Rahmen für unsere Gefühle sein können. Auch in kreativen Tätigkeiten wie musizieren und malen drückt sich die Wasserseite in einer konkreten Form aus. Musik, sowie auch die Farben sprechen unser Gemüt direkt an. Diese Medien fangen Stimmungen ein und stellen sie dar.

Wenn dein Wasserelement überschwappt, bist du meist zu keinem klaren Gedanken mehr fähig, du steckst dann so richtig drin und siehst vieles schlimmer als es ist. Du hast dann nahe am Wasser gebaut, d.h. du bist oft den Tränen nahe und tust dir selbst leid. In diesem Fall ist es aber wichtig und heilsam, daß du deinen Gefühlen freien Lauf läßt. Die Tränen schwemmen alles hinweg und reinigen dich.

Nimm deine Gefühle an, unterdrücke sie nicht, achte aber darauf, daß du dir einen geschützten Rahmen für das Zulassen deiner Gefühle schaffst. Es wird dir nicht guttun, wenn andere mit Unmut auf deine Gefühlsäußerungen reagieren. Das könnte dich wieder in dein Schneckenhaus zurücktreiben. Vielleicht versinkst du aber auch in romantischen Gefühlen oder Tagträumen und hast den Boden zur Realität verloren. Dann könntest du versuchen, alle Fakten deiner Situation einmal aufzuschreiben oder zu durchdenken, um Klarheit zu erhalten. Sprich mit anderen darüber. Prüfe, ob deine Gefühle, deine Verliebtheit oder was auch immer lebbar sind oder ob sie nur in deiner Einbildung existieren. Werde dir klar darüber, was du wirklich haben willst und was nicht.

Wenn du in deinen Karten zuviel Wasser hast, dann solltest du prüfen, ob dir dieser Zustand noch guttut (manchmal ist es auch nötig, Gefühle stark zu erleben, vor allem wenn wir lange vorher keine mehr zugelassen hatten), ansonsten mußt du versuchen, auf den Boden der Tatsachen zurückzukehren. Wenn du vor lauter Verliebtheit, Eifersucht etc. nicht mehr essen und schlafen kannst, dann überlege dir genau, wieviel Kilo du abnehmen willst und wann Schluß mit dem Zauber ist. Sogenannte Gefühlsmenschen neigen hier leicht zur Selbstschädigung. Bei zuwenig Kelchkarten kann es sein, daß du deine Gefühlsseite vernachlässigst oder aber du kannst gerade keine ausgeweiteten Emotionen brauchen, du willst deine Ruhe haben oder mußt etwas anderes erledigen (Prüfung, Arbeit usw).

Die Kelchkarten von 1 bis 10:

Das **Kelch-As** ist ein einzelner, überquellender Kelch. In vielen Tarotspielen werden die Asse von einer himmlischen Hand gereicht. Die reine Qualität des Elements ist ein Geschenk, eine Gabe, die dir zuteil wird. Beim Kelch-As schenkst du Gefühle und was du gibst, kommt zu dir zurück. Vergiß dabei aber nicht, daß das Element Wasser das gesamte Spektrum der Gefühle beinhaltet, also auch die negativen, wie Wut, Angst, Eifersucht usw. So kann das As auch emotionale Überreaktionen beschreiben.

Spiele einmal As der Kelche! Nimm ein schönes Weinglas und schenke dir ein Getränk ein, das du gerne magst. Spüre, wie schwer der volle Kelch in deiner Hand liegt. Freue dich in Gedanken auf den Geschmack deines Lieblingsgetränks. Male dir aus, wie es auf deiner Zunge schmeckt, wie es die Kehle hinunterfließt. Trinke aber noch nicht gleich, sondern laß ein Weilchen die Lust auf den Genuß in dir aufsteigen. Fühle den schweren Kelch in deiner Hand. Genehmige dir dann mit bewußtem Genuß einen Schluck. Fühle nun das alles, was du dir vorhin ausgemalt hast. Stelle dir vor, was passiert, wenn du den Kelch überfüllst. Vergleiche deine Wahrnehmungen und Gefühle mit denen vom Stab-As.

P.S.: Diese kleine Konzentrationsübung regt imaginative und mediale Kräfte an!

Bei der **Zwei** hast du wieder die Polarität. Wenn sich zwei Leute mit Kelchen in der Hand begegnen, was könnten sie anderes tun, als miteinander anzustoßen und gemeinsam ihre Gefühle auszutauschen? Die empfängliche Qualität des Wassers führt nicht zu solchen offensichtlichen Spannungen wie beim Feuer. Gemeinsames Fühlen ist ein eher innerlicher Prozeß, der zunächst nur subtil spürbar ist.

Bei der **Drei** kommt noch eine dritte Person hinzu, du erinnerst dich, die Drei brachte Neubeginn und Geburt. Bei den Kelchen wird ein Fest daraus, man prostet sich zu und erfreut sich an den Wasserqualitäten. Gemeinsam erlebte Freude.

Die **Vier** bedeutet Stabilität. Das paßt gar nicht gut zum Wasser, es will immer weiter und weiter, immer mehr. Wenn du Gefühle festhalten und sichern willst, dann entgleiten sie dir. Du mußt sie einfach nur annehmen und genießen! Die Zahl Vier könnte auch ein Hinweis auf eine sehr festgefügte (klein)karierte Sicht der Dinge sein. Feste Vorstellungen sind dem freine Fluß der Gefühle jedoch abträglich.

Bei der **Fünf** hast du verloren, was du so sorgsam festhalten wolltest. Das tut natürlich weh. Ein Konflikt auf der Gefühlsebene kann bittere Enttäuschung bringen. Lerne, daß die Gefühle nicht dem Willen unterliegen, dann kannst du sie auch wieder frei fließen lassen. Gefühle sind subjektive Lebensäußerungen, die anderen müssen nicht notwendigerweise genauso fühlen wie du.

Die Zahl **Sechs** bringt den Ausgleich. Harmonie der Gefühle im freundlichen Austausch unter Menschen. Sexualität. Hier hast du die Lektion der Karte Fünf gelernt und nun fließt dein Wasser wieder. Das Geheimnis des Loslassens steckt in dieser Karte.

Wenn du nun nicht aufpaßt, übersteigert die **Sieben** die Wasserseite schon wieder. Gefühl und Phantasie quellen über im negativen Sinn. Tausend Träume fern der Realität. Romantik. Leidenschaftlichkeit. Manchmal steht diese Karte auch für extreme Medialität und psychische Empfänglichkeit, die sehr schwer in den Griff zu bekommen sind.

Bei der **Acht** ist es nun Zeit, die Gefühle auf eine andere Ebene zu bringen. Dazu mußt du ihnen erstmal den Rücken kehren und in Ruhe nachdenken darüber, was du wirklich willst, wie du Gefühle in dein Leben einbauen möchtest, ohne daß sie dich mitreißen. Das Reich des Unbewußten muß beherrscht werden, sonst beherrscht es dich.

Ganz klar, du willst es dir gutgehen lassen, so wie es die **Neun** zeigt. Die Neun ist die Zahl des Eremiten der Großen Arcana. Der Eremit ist fern vom Habenwollen und Festhalten, er weiß, wer er ist und sucht sich, was er braucht. Eine „Eremitenphase" könnte dir zur Einsicht in deine Unabhängigkeit verhelfen. Freundschaft, Weisheit, emotionale Autonomie.

Bei der **Zehn** findest du, was du gesucht hast. Durch das Auf und Ab der anderen Karten hast du gelernt, deinem Gefühl einen Platz im Leben zu geben, der dich erfüllt. Friede, Freude, Erfüllung. Wenn die Gefühle im *Kleinen Glück des Alltags* zur Ruhe kommen, geht es uns wirklich gut, obwohl wir oft das Gegenteil glauben.

Welche Farben unterscheiden die Kelchkarten von den Feuerkarten?

Fühle dich in die Farbtöne ein und betrachte die Bilder genau.

Was fällt dir auf, wenn du die Kelchreihe mit der Stabreihe vergleichst?

Schreibe deine Beobachtungen in Stichworten auf.

Das Element Luft, die Schwerter

Schwerter entsprechen dem Element Luft, deiner Verstandeskraft, dem Intellekt. Denken ist die Funktion der Schwerter. Luftig erheben sich deine Gedanken und Ideen wie Vögel hinauf zum Himmel. Luft ist dem Männlichen zugeordnet. Die astrologischen Luftzeichen sind Zwillinge, Waage und Wassermann. Luft hat Yang-Qualität, ist aktiv, initiierend, bewußtseinserweiternd und klärend.

Mit der Kraft der Schwerter kommunizierst du mit anderen, planst, strukturierst, rechnest du. Hier verbindest du dich schnell im Gespräch mit anderen. Du öffnest Fenster und Türen und läßt frische Luft herein, neue Gedanken, fremde Kulturen, Einsichten. Hier baust du aber auch die Luftschlösser und andere irreale Ideale. Du philosophierst und systematisierst, gewinnst jedoch durch die Vogelperspektive auch Überblick und Objektivität. Die Wissenschaft gehört auch in den Bereich der Schwerter.

Die Kraft deiner Gedanken erschafft dein Leben. Wenn wir annehmen, Feuer wäre der erste Zündfunke, die Idee eines Projekts z.B., dann käme durch das Wasserelement die Gefühlsenergie, das Wünschen und Wollen, das Herz unseres Projekts, hinzu. Mit Hilfe der Luft strukturieren wir nun die Sache gedanklich, damit sie auf der materiellen Ebene, dem Erdelement, Schritt für Schritt umsetzbar wird.

Gedanken und Vorstellungen formen die Materie aber nicht nur, wenn du ein Projekt durchführen willst, sondern auch auf der tieferen, psychischen Ebene. Das was du über dich selbst oder das Leben denkst, erschaffst du dir auch. Oft sind dies Gedanken, die andere früher über dich dachten. Du hast sie immer wieder gehört und verinnerlicht. Nun beeinflussen sie dein ganzes Leben. Hier kannst du die alten Denkstrukturen durch neue, bessere ersetzen. Mit Hilfe der Tarotkarten findest du neue Leitsätze, die dich stärken und aufbauen, anstatt dich herunterzuziehen.

Wenn das Luftelement überhand nimmt, machst du dir Gedanken, hast du Sorgen und innere Nöte. Das zuviele Denken schneidet dich von klarem Handeln ab, du sitzt da und brütest nur noch. Vielleicht strebst du in Gedanken einem hohen Ideal oder einer Utopie nach, so daß dir die normale Welt nicht mehr genügt.

Die Luft kann eine laue Brise oder auch ein Wirbelsturm sein, wenn dein Verstand nicht mehr alles unter Kontrolle hat. Mit Hilfe wissenschaftlicher Erkenntnis, die jedoch nur auf meßbaren Werten gründet, versuchst du, äußerliche Sicherheit zu erlangen. Vor dem, was dir bekannt und begreiflich ist, fürchtest du dich nicht mehr. Doch wenn sich etwas Neues, Unbekanntes zeigt, fällt dein Sicherheitsdenken in sich zusammen. Dann bist du nervös und machst aus jeder Mücke einen Elefanten. Du regst dich sofort auf und ärgerst dich leicht.

Wenn du deine intellektuelle Seite überbetonst, wirst du kopflastig, bist dir deiner Gefühlswelt nicht bewußt und pflegst sie auch nicht, was dazu führen kann, daß sie sich schlagartig bemerkbar macht und dich aus deiner gewohnten Bahn wirft. Achte dann darauf, daß du zwischendurch auch abschaltest. Bringe das ständige Plappern deiner Gedankenwelt, Termine, Sorgen usw. zur Ruhe, indem du dir genügend Freizeit ohne Zwänge schaffst, die Natur oder den Umgang mit Kindern und Tieren genießt, meditierst o.ä.

Wenn du viele Schwerter in deinem Legemuster vorfindest, dann kann es sein, daß du gerade deine rationale Seite überbetonst (vielleicht auch, weil es notwendig ist) daß du zuviel denkst, zuviel intellektuell sichern und vorherplanen willst. Laß´ dich wieder auf das Leben ein.

Zuwenig Schwerter können einen Mangel an klaren Gedanken zeigen. Vielleicht schwimmst du gerade in Gefühlen oder bist zu hitzig und hektisch. Dann ist es Zeit zum ruhigen Nachdenken. Mache dir einen Plan, eventuell auch schriftlich. Das wird dir helfen, deine Gedanken zu sammeln.

Die Schwertkarten von 1 bis 10:

Das **Schwert-As** zeigt, wie immer, die reine Qualität des Elements. Geistige Klarheit und Überblick herrschen vor. Intellektuelle Fähigkeiten, Gedankenkräfte, Wahrheit, Bewußtsein, Scharfsinn. Aber das Schwert ist auch eine Waffe. Spitze Zungen, harte Worte, negatives Denken, gedankliches Wälzen großer Probleme usw. könnten Ebenfalls ein Ausdruck des As sein.

Nimm ein möglichst großes Küchenmesser oder ein richtiges Schwert und halte es eine Weile in der Hand. Welche Bewegungen würdest du damit ausführen? Wie fühlt es sich an, wenn du damit nach unten weist, nach oben oder nach vorn? Vergleiche es mit dem Stock vom Stab-As. Denke an den *messerscharfen Verstand*, auch das Wort *entscheiden* hat etwas mit dem Zücken des Schwerts zu tun und manchmal sogar mit *kurzem Prozeß*!

Bei der **Zwei** kreuzen sich die Klingen. Schwerter sind eindeutig Waffen und es gibt keinen Zweifel über die Absichten, sollten sich unsere zwei Menschen von vorhin mit dem Degen in der Hand begegnen. Was auf der Kelch-Zwei noch ein romantisches Stelldichein war, kann hier zum kontroversen Streitgespräch werden oder es zeigt sich die Unterdrückung einer Entscheidung (entscheiden = das Schwert aus der Scheide ziehen und benutzen). Hier kannst du auch eine Wand aus Zurückhaltung und Distanz finden, weil sonst ein heftiger Kampf zu erwarten wäre.

Bei der **Drei** fällt jene Entscheidung, um die du dich bei der Zwei noch herumgedrückt hast. Gedanklich zeigt sich die Geburt einer neuen Richtung, durch Zurücklassen von etwas Altem. Jetzt wird dir alles klar und du kannst handeln. Die Schuppen fallen dir von den Augen, was oft auch schmerzhaft sein kann.

Die **Vier** bringt nach dieser schweren Erkenntnis eine gedankliche Verschnaufpause. Hier ruhen die Waffen, die Gedanken sind klar und zentriert. Du beziehst dich nur auf dich selbst. Gedankliche Ordnung, klare Struktur.

Bei der **Fünf**, du weißt es schon, ist wieder mit Reiberei zu rechnen. Menschen treffen aufeinander. Lebendiger Ausdruck des Elementes. Hier gab es Streit, ja Kampf sogar. Worte fallen schnell und sind nicht mehr ungesagt zu machen. Vielleicht hast du jemand niedergeredet oder du bist selbst getroffen worden oder beides zusammen.

Die **Sechs** versucht, die Sache wieder ins Lot zu bringen. Der bittere Nachgeschmack bleibt, aber du bemühst dich um Verständnis, um die Gedankenwelt wieder in Harmonie zu bringen. Dir ist klar, daß etwas verändert werden muß, aber du bist noch nicht bereit, die Sorgen loszulassen. Harmoniesucht wider besseres Wissen.

Bei der **Sieben** glückt die Veränderung noch nicht ganz, obwohl du bereit bist, etwas zu unternehmen. Du zweifelst an deiner Klarheit und läßt dich durch Sorgen und Befürchtungen abhalten oder machst dir vor, daß du es schon geschafft hast. List und Tücke sind ebenfalls Bedeutungen der Karte. Schlau muß man schon sein, wenn man noch nicht alle wichtigen Informationen beisammen hat und daher auch nicht voraussehen, wo die Sache hinführt.

Erst die **Acht** zeigt dir, was du ändern mußt. Nichts Geringeres nämlich, als dein eigenes Denken, das dich einengt und fesselt. Deine Gedanken kreisen stets nur um die Probleme und du merkst gar nicht, wie du dich damit blockierst. Es ist Zeit, für Klarheit und Ruhe zu sorgen. Vor allem solltest du deine eigene Macht erkennen! Es ist dein

eigenes Denken, das dich hemmt und du kannst es nach Belieben verändern.

Wenn du, wie bei der **Neun** allein mit deinen Sorgen bleibst, dann
werden sie zum Alptraum. Sprich mit anderen, friß nicht alles in dich
hinein, bis die Probleme dich auffressen. Gedankliche Einsamkeit,
Dinge über die du dich mit niemand sprechen traust.

Wenn die Luft übertreibt, dann gründlich. So bei der **Zehn**. Deine
Gedanken malen das Schlimmste aus und da die Schwerter einen
Hang zum Irrealen haben, ist das alles wohl weit weg von der Wirk-
lichkeit. Geistige Umnachtung. Du benötigst die Klarheit des As.
Prüfe, ob dein Denken realistisch ist oder ob du dich in etwas hinein-
steigerst.

*Lege anstatt einer Reihe einen Kreis aus den Schwertkarten
und betrachte ihn als Kreislauf der Gedanken.*

Welche Karten unter den Trümpfen zeigen ebenfalls ein Schwert?

Welche Farben herrschen bei den Schwertern vor?

Was für Tiere erscheinen auf deinen Schwertkarten?

Finde ein Stichwort für jede Karte.

Das Element Erde, die Scheiben

Die Scheiben (auch Münzen oder Pentagramme) entsprechen dem Erdelement, der Materie, deinem Körper. Die Funktion der Scheiben ist sinnliche Wahrnehmung, Empfindung. Erde ist dem Weiblichen zugeordnet. Die astrologischen Erdzeichen sind Stier, Jungfrau und Steinbock. Erde hat Yin-Qualität, ist passiv, empfangend, verfestigend und erhaltend.

Mit dem Erdelement erarbeitest du die Dinge deines Lebens, erschaffst du deine konkrete Welt. Erde ist deine Bodenständigkeit und dein Realitätssinn. Sie gibt deinem Handeln die Basis. Du stehst fest mit beiden Beinen auf dem Boden der Wirklichkeit.

Hier ersinnst du Wege und Mittel, die zur Erfüllung deiner Wünsche nötig sind. Es zeigt sich deine praktische Seite, alles hat Funktion und Zweck, du kannst berechnen, was sich rentiert und was nicht. Hier erwirbst du Fähigkeiten und Fertigkeiten, die du brauchst, um etwas herzustellen. Du tätigst auch geistige Investitionen wie z.B. berufliche Weiterbildung.

Der Weg zu Unabhängigkeit führt bei den Scheiben über die Arbeit, die Sicherheit und Geborgenheit im Materiellen gibt. Auch sinnliche Genüsse sind wichtig. Du läßt es deinem Körper gutgehen. Die Wahrnehmung der Erde beinhaltet selbstverständlich auch ökologische Gesichtspunkte, denn du spürst, daß alles Streben und Tun keinen Sinn mehr hat, wenn die Lebensgrundlage zerstört ist. Das Thema der Scheiben ist die gesamte irdische Umwelt, nicht nur die Wertgegenstände, auch Menschen, Tiere, die Natur, Freundschaften und Beziehungen die wir uns aufgebaut haben, kurz alle Strukturen, die um uns sind, auch familiäre oder politische.

Das Element Erde beinhaltet die anderen Elemente in gewisser Weise, denn es stellt die verdichtete Energie der anderen drei zusammen dar und ist deren Materialisation. Wir erschaffen oder erarbeiten etwas nicht einfach aus dem Nichts, sondern haben zuerst eine Idee oder den Impuls (Feuer), besetzen die Idee mit Gefühlen (Wasser), die uns wiederum dazu veranlassen, uns konkrete Gedanken zu machen (Luft) wie das Ganze zu realisieren ist (Erde).

Wenn dein Erdelement überbetont ist, wirst du schwerfällig und unbeweglich. Vielleicht vergrößerst du tatsächlich dein körperliches Volumen, d.h. du nimmst zu oder deine Arbeit und die Expansion deiner Geschäfte werden für dich zum einzigen Lebensinhalt. Erdbetonung kann dich festhaltend und geizig machen und deine Angst um das, was du dir geschaffen hast, vergrößern. Du kannst mißtrauisch gegenüber spirituellen Dingen werden und dich festfahren und in Sachzwängen steckenbleiben.

Vielleicht siehst du den Wald vor lauter Bäumen nicht, denn der Kleinkram wächst dir über den Kopf. Es kann sein, daß du die Verbindung zu den kreativen Wurzeln verlierst, aus denen deine Welt erwächst. Deine Begeisterungsfähigkeit, deine Gefühle und Eingebungen werden zweitrangig, du willst nur haben und besitzen und vergißt, daß das Leben sich ständig erneuert und verwandelt.

In dem Fall kannst du als Gegengewicht spirituelle Werte suchen, die dir helfen, die Energien zu erkennen, die das Universum in Gang halten und dir ein Gespür dafür geben, daß noch etwas hinter den Dingen steckt. Du könntest lernen, die flüchtigen Werte des Lebens zu schätzen oder dich auf Gefühle einzulassen, die du nicht besitzen oder materiell sichern kannst. Auch die Beschäftigung mit Esoterik kann hilfreich sein.

Wenn beim Kartenlegen ein Übergewicht an Scheiben vorkommt, dann bist du sicher gut geerdet. Prüfe aber auch, ob du nicht zu materiell eingestellt bist. Bei zuwenig Scheiben kann es sein, daß du den Boden unter den Füßen verlierst, daß dir die ganz praktischen Aspekte deiner Situation gar nicht auffallen oder daß du nur zögerlich handelst.

Die Scheibenreihe von 1 bis 10:

Das **Scheiben-As** ist die Reinform, das Material, die Grundlage, auf der wir etwas schaffen. Das As ist ein Geschenk des Himmels, das volle Potential aller deiner konkreten Möglichkeiten. Wenn das Scheiben-As auftaucht, wirst du sicherlich eine äußere Verwirklichung deiner Pläne erfahren. Schau auf die Karten, die neben dem As liegen, um zu erkennen, ob du deine Möglichkeiten erfolgversprechend sind oder ob du zu den negativen Erdqualitäten tendierst.

Wenn du das Scheiben-As bewußt erleben willst, dann brauchst du nicht unbedingt eine Goldmünze dazu. Du könntest auch durch die Natur spazieren und den Duft des Waldes und der Felder riechen, die Sonne durch die Bäume blitzen sehen, die Blätter im Wind rascheln und die Vögel singen hören. Du könntest zuschauen, wie die Wolken ziehen und wie ein Flugzeug am Himmel seine Bahn hinterläßt. Gehe barfuß und du spürst das Gras unter deinen Füßen oder fühle das Krabbeln eines Käfers auf deiner Hand, oder .... Das alles und noch viel mehr ist Ausdruck der Scheiben.

Die **Zwei** zeigt wie immer Polarität. Stell dir vor, unsere Zwei Menschen stehen sich nun mit Geld und Kunstgegenständen in der Hand gegenüber. Was tun sie? Sie tauschen aus. Geld und Gegenstände wechseln die Besitzer, alles ist im Wandel, in stetiger Bewegung und das ist gut so.

Die **Drei** zeigt die Fortsetzung der Geschichte. Die Künstlerin hat verkauft, nun muß sie Neues erarbeiten. Die Zahl Drei als Symbol für

Geburt meint bei den Scheiben Arbeit und Schaffen, das Entstehen von konkreten Dingen.

Die Stabilität der Zahl **Vier** bringt bei den Scheiben materielle Struktur und Form, Festigkeit und Sicherheit. Das kann bei Übertreibung zur Trägheit, zum Festhalten, zum Geiz führen. Der Wunsch nach materieller Kontrolle und Sicherheit, nach einer tragenden Rahmenstruktur wird wach.

Bei der **Fünf** erwächst aus der zu materiellen Haltung Angst und Sorge um den Besitz. Festgefahrene Strukturen werden angetastet, was zum Konflikt führt. Oft sind diese Ängste völlig unbegründet.

Die Zahl **Sechs** führt wieder zu Harmonie und Ausgleich. Die Arbeit ist erfolgreich, du wirst großzügig, das geizige Festhalten und die damit verbundenen Ängste haben ein Ende. Durchbruch. Teilen mit anderen. Du bist bereit, zu geben und auch für andere zu sorgen.

Die **Sieben** steht für Bewegung, bei den erdigen Scheiben allerdings mußt du das Heft aus der Hand geben. Nicht du mußt dich bewegen, sondern du mußt die Dinge sich bewegen lassen. Du hast das Samenkorn gesät, der Keimling ist gewachsen, außer gelegentlich gießen und Unkraut jäten kannst du nichts tun. Es nützt nichts, an den Blättern zu ziehen, die Pflanze kommt nicht schneller aus der Erde. Du mußt Geduld haben! Beim manchen Tarots steht auf dieser Karte als Untertitel *Fehlschlag*. Nimm diese Stichworte nicht allzu wörtlich! Es kommt dir nur vor wie ein Fehlschlag, wenn gerade nichts vorwärtsgeht und du dich gedulden mußt.

Bei der **Acht** zeigt sich dann eine neue Ebene. Hier hast du gelernt, zweckmäßig und effektiv zu arbeiten. Du schaffst auf solider Grundlage und bist deiner Sache sicher. Gute Arbeit, guter Lohn. Du bist gut geerdet und mit der Welt verbunden.

Die **Neun** zeigt dir, daß es wichtig ist, für deine eigene feste Basis zu sorgen. Wirklich unabhängig bist du erst dann, wenn du auch materiell für dich selbst sorgen kannst. Das was du mit deinen eigenen Händen geschaffen hast, ist der wahre Gewinn in deinem Leben. Hierzu ist es notwendig, Entscheidungen zu treffen: lieber eine Sache gut, als tausend Dinge halbherzig machen.

Die **Zehn** entfaltet den ganzen Reichtum der Erde mit all seinen Möglichkeiten in deinem Leben. Das können sowohl die guten Gaben der Erde sein, als auch die ungünstigen. Vergiß das Spirituelle nicht! Es gibt nicht nur die Dinge, die du sehen und anfassen kannst. Reichtum bedeutet nicht unbedingt den Besitz von viel Geld. Du kannst auch reich gesegnet sein an Freundschaften oder an Talenten und Fähigkeiten, die Geld ersetzen.

Wie zeigt sich das Element Erde farblich in deinen Karten?

Was fallen dir noch für Aussagen zu den Bildern ein? Notiere alles, was dir auffällt.

Welche besonderen Symbole für das Element Erde findest du auf den Scheibenkarten?

Hofkarten: Verhaltensweisen und Charaktere

Die Hofkarten symbolisieren einzelne Charaktereigenschaften oder Persönlichkeitsmerkmale. Sie können sowohl für dich selbst, als auch für andere Menschen aus deinem Umfeld stehen. Wenn eine Hofkarte auf der Außenwelt-Position im Kartenmuster liegt, handelt es sich meist um die Eigenschaften einer anderen Person, auf anderen Plätzen würde ich sie eher auf die fragende Person selbst beziehen. Häufig handelt es sich auch um eine Mischung der beiden Möglichkeiten.

Es ist oft so, daß wir unsere eigenen unbewußten Eigenschaften auf andere Menschen projizieren, die dann demgemäß reagieren. Das kann soweit gehen, daß du dich z.B. über irgendetwas eigentlich fürchterlich ärgerst, dich aber nicht getraust, deinen Ärger nach außen hin zu zeigen, sondern ihn ins Unbewußte abdrängst und hinunterschluckst. Damit ist der Ärger aber nicht aus der Welt, sondern schwelt im Untergrund weiter. Andere Menschen in deiner Umgebung spüren diese Spannung und wenn du auf die richtige Person triffst, kann es sein, daß sie für dich den Ärger auslebt und nach außen trägt. Umgekehrt kannst auch du für andere die Gefühle austragen, die sie sich nicht zugestehen. Achte auf Situationen, in denen dein Gegenüber unangemessen ruhig bleibt, während er dir seine Geschichte erzählt, die dich allein vom Zuhören schon zum Kochen bringt. Machst du fremde Gefühle zu deinen eigenen, indem du dich hineinsteigerst?

Ein solcher Vorgang wird eine Übertragung von Gefühlen genannt und ist im Grunde etwas, das immer wieder einmal passiert. Schlimm wird das Ganze erst, wenn es zum Beispiel in einer Beziehung, zum Dauerzustand wird. Dabei entsteht dann eine Polarität zwischen den Partnern. Der eine ist stets ruhig und gelassen, während der andere sich für zwei aufregt. Zusammen besitzen sie dann das volle Gefühlsspektrum, jeder für sich lebt jedoch nur eine Hälfte davon aus, nämlich die, die er sich zutraut.

Genauso wie dir Gefühle übertragen werden können, kannst du sie auch wieder zurückgeben, sofern du es bemerkst. Wenn es sich um fremden Ärger handelt, dann versuche, wieder ruhiger zu werden. Vielleicht brauchst du eine Pause zum Klarwerden und Abschütteln der fremden Emotionen. Gehe aus dem Zimmer, koche dir eine Tasse Tee, durchbreche jedenfalls die Kommunikation, damit du wieder zu dir kommst. Stelle dir vor, daß alle Gefühle, die nicht von dir selbst stammen, nun deine Aura verlassen.

Die andere Person, die dich (jedoch nicht ohne dein unbewußtes Einverständnis!) veranlaßt hat, ihre Gefühle zu leben, wird vielleicht versuchen dich wieder in Gefühlswallungen zu bringen. Aber wenn du ruhig bleibst und dich weigerst, dich über fremde Geschichten heftigst aufzuregen, sparst du deine Energien und bewahrst dich vor der ausgelaugten Stimmung, die solche Situationen für gewöhnlich nach sich ziehen. Das heißt natürlich nicht, daß du keine zwischenmenschliche Anteilnahme zeigen solltest, aber mit normaler Anteilnahme hat eine Dauerübertragung von Gefühlen auch nichts mehr zu tun.

Mit diesem kleinen Exkurs über die Übertragung möchte ich verdeutlichen, daß die Hofkarten, die ja menschliche Charaktere darstellen, eben nicht ausschließlich die Anderen in unserem Legemuster vertreten. Die zwischenmenschlichen Kommunikationsprozesse sind kompliziert und wir beeinflussen ständig durch das Aussenden von subtilen Signalen unsere Umwelt oder werden von den anderen beeinflußt. Es ist oft nicht eindeutig, wer eine Situation verursacht hat und wer darauf nur reagiert. Genau wie im wirklichen Leben begegnet uns auch beim Kartenlegen unser Eigenes im Außen oder auch Fremdes in unserem eigenen Verhalten.

Liegt z.B. die Kelch-Königin auf der Zukunftsposition beim Keltischen Kreuz, dann würde ich dies so deuten, daß sowohl du nun die Seiten der Königin in dir entwickelst, bzw. dies tun solltest, als auch daß dir andere Menschen auf die Art der Kelchkönigin begegnen. Du bist nämlich jetzt für dieses Verhalten besonders empfänglich und ziehst es zu dir heran. Umgekehrt würde dich natürlich ein Verhalten, das dem der Kelchkönigin zuwiderläuft stärker als sonst verletzen.

Die zwischenmenschliche Kommunikation beruht stets auf Wechselwirkung. Jede Tarotkarte verhält sich zwitterig, was das Gute oder Schlechte angeht. Eine gute Karte kann bei Übertreibung in ihr Gegenteil umschlagen, genauso kann eine negative Karte in einem speziellen Fall genau das Richtige sein. So auch die Hofkarten, die deine Charakterstärken oder -schwächen symbolisieren. Es gibt also keinen reinen Bösewicht darunter.

Genauso verhält es sich mit den Geschlechtern. Die Männer (Pagen, Ritter usw.) können ebenso bei Frauen im Kartenmuster für sie selbst stehen, wie umgekehrt die Königinnen oder Prinzessinnen usw. bei männlichen Tarotbefragern. Wenn bei einer Frau viele männliche Hofkarten auftauchen, kann dies für sie ein Hinweis sein, diese Seiten mehr zum Ausdruck zu bringen. Sie besitzt entweder bereits starke Yang-Qualitäten oder benötigt sie jetzt.

Umgekehrt könnte ein Mann seine weibliche, empfängliche, sensitive Seite entdecken, wenn weibliche Hofkarten in seinem Kartenmuster vorkommen. Die meisten Menschen projizieren ihre gegengeschlechtliche Seite völlig auf den Partner oder die Partnerin. Auch hierin finden wir wieder das Phänomen der Übertragung, mit dem Resultat der Polarität, die zu starrem weiblichen bzw. männlichem Rollenverhalten führt. Wenn wir uns nicht erlauben, auch die jeweils andere Seite zu leben, dann fehlt uns praktisch die Hälfte unserer Erlebnismöglichkeiten. An den Hofkarten kannst du gut ablesen, welche Charaktereigenschaften gerade für dich wichtig sind.

Sieh dir nun deine 16 Hofkarten genau an. Wahrscheinlich hast du von jeder Sorte (Königin, Ritter usw.) 4 Stück, also jeweils eine pro Element. Es gibt aber auch Spiele, die einzelne Höflinge nur zweifach abbilden, z.B. je einen Pagen bei den Stäben und Schwertern und je einen Centauren bei den Kelchen und Scheiben. Stäbe und Schwerter, Feuer und Luft sind archetypisch männliche Elemente, während Kelche und Scheiben, Wasser und Erde die weiblichen sind. Manche Tarotspiele trennen hier also nochmals. Tier-Mensch-Wesen wie Centauren o.ä. versinnbildlichen eine stark animalische Natur. Ich betrachte sie aber genauso, wie ihre menschlichen Kollegen aus den anderen Sätzen.

Ein wenig Verwirrung stiften die verschiedenen Bezeichnungen der Höflinge. Es gibt Spiele ohne König, aber mit Ritter, ohne Bube aber dafür mit Prinzessin. Sicher ist, daß auch in deinem Spiel eine gewisse Rangfolge innerhalb jedes Elements herrscht. Oft gibt es eine ältere und eine jüngere Frau und ebenso einen älteren und einen jüngeren Mann. Manche Spiele haben drei Männer und nur eine Frau, meist die Königin. Manchmal gibt es Töchter und Söhne mit den Eltern dazu. Ein anderes Tarotdeck unterscheidet zwischen Herrschern und Sklaven.

Die Rangfolge besagt etwas über die Entwicklungsstufe des jeweiligen Elements. So ist der Kelch-Page z.B. gerade dabei, seine Wasserqualitäten zu erproben und zu entwickeln, während die Königin sie bereits voll entfaltet hat. Die älteren Höflinge leben ihr Element auf eine erwachsenere, reifere Weise als die jungen, die oft über die Stränge schlagen und deren Sicherheit und Selbstbewußtsein geringer ist. Meist sind sie aber sehr fleißig im Entwickeln ihrer spezifischen Fähigkeiten.

Du kannst die Lehre von den Elementen auch auf die Höflinge anwenden und so repräsentiert jede Hofkarte ein bestimmtes Element, das sich mit dem Element des jeweiligen Satzes mischt. Die Zuordnung sieht dann folgendermaßen aus:

Königin, erwachsene Frau	**- Wasser**
König, erwachsener Mann	**- Feuer**
Ritter, Prinz, Sohn	**- Luft**
Page, Prinzessin, Tochter	**- Erde**

Somit mischt sich immer ein bestimmter Charakter aus zwei Elementen und der entsprechenden Reife seines Ranges. Nehmen wir die Königin der Stäbe als Beispiel. Sie setzt sich aus Wasser (Königin) und Feuer (Farbensatz) zusammen. Man könnte nun sagen, innerlich ist sie wie Wasser, nach außen verhält sie sich aber feurig. Als erwachsene Frau bringt sie eine gewisse Reife und Erfahrung des Lebens mit, was die Elementemischung ausgewogen macht.

Außerdem repräsentiert sie als Frau das Yin-Prinzip, also das Aufnehmende, Empfängliche, Nährende, während die männlichen Höflinge für die Yang-Qualität stehen, für das Aktive, Ausstrahlende, Schöpferische. Als Deutungsansatz auf der Basis der Elemente bringe ich nun für die Hofkarten Kurzbeschreibungen der jeweiligen Charakterzüge, die sich aus der Mischung ergeben.

Stäbe - die feurig Spontanen

König: Feuer und Feuer, innen wie außen, ergibt einen energiegeladenen Charakter, der äußerst spontan, im negativen Sinne auch cholerisch sein kann. Dieser Mensch kennt seine Kraft und besteht darauf, sich durchzusetzen, gemäß dem Motto: Willenskraft Wege schafft! Er ist ein begeisterter Kämpfer, der andere mitreißt und anfeuert und seine Ziele direkt angeht.

Königin: innen Wasser, außen Feuer, ein spontaner, intensiver und warmherziger, mitfühlender Charakter. Diese Frau weiß, was sie will, sie folgt ihrer Intuition und sie steht den eigenen und fremden Gefühlen nahe. Sie ist weniger egozentrisch wie ihr Kollege, der Stabkönig, denn sie kennt die unergründlichen Tiefen des inneren Ozeans der Psyche. Aber auch ihr verleiht das Feuer Kraft und eine Ausstrahlung von Macht und Energie, was ihr den Mut gibt, spontan Dinge zu tun, ohne sie vorher zu erproben. Sie weiß intuitiv, daß es gelingt.

Ritter: innen Luft, außen Feuer. Ritter, Prinzen, Söhne, sie alle sind Verstandesmenschen und dieser hier handelt spontan und direkt, eben feurig. Die Frage ist, will er mit seinem leuchtenden Verstand beeindrucken oder kämpfen? Der Verstand ist immer in Bewegung und durch das Feuer wird er noch beschleunigt. Hier findest du auch den Vielredner, der nervös oder vorschnell seine Schlüsse zum besten gibt, ohne sich darum zu kümmern, ob es die anderen überhaupt interessiert. In jedem Fall ist er ein zupackender, initiativer Charakter, der auf alles ohne Umschweife zugeht und die Dinge offen anspricht.

Page: Erde im Inneren, außen Feuer. Alles Handeln ist auf konkreten, materiellen Erfolg ausgerichtet. Pagen, Prinzessinnen, Töchter usw. sie sind die Jüngsten unter den Höflingen und stehen daher am Anfang der Entwicklung. Hier siehst du jemand mit besonders viel Anfangskraft, wenn es um den Beginn einer Sache geht. Andererseits fehlt es diesem Menschen aber an Erfahrung, es handelt sich also eher um das Ausprobieren von etwas Neuem, wozu er jedoch stets furchtlos und mit Feuereifer bereit ist. Brauchst du Unterstützung oder jemanden, der mit dir Pferde stiehlt? Hier ist er/sie!

Kelche - die wasserhaft Gefühlvollen

König: Feuer im Herzen, Wasser im Handeln. Dieser Mensch brodelt innerlich und handelst sehr emotional. Anders als die Stabkönigin mit ihrer intuitiven Spontaneität, die auch aus diesen Elementen heraus agiert, ist dieser Mensch ganz vom Gefühl geleitet. Oft hat er eine große Vision, ein Ideal, an dem sein Herz hängt und das er zutiefst anstrebt. Er kann sogar zwanghaft besessen von seiner Sache werden. Manchmal sind die Ziele weltfremd und illusionär. Hier gilt es zu prüfen, ob sie in der Realität des alltäglichen Lebens Bestand haben.

Königin: Wasser und Wasser, Gefühle übervoll. Ein sensibler Charakter, mitunter sogar sensitiv oder medial veranlagt. Manchmal wird die gefühlvolle Königin auch überempfindlich gegen äußere Einflüsse. Sie nimmt psychische Stimmungen aus der Umgebung auf und leidet darunter. Dieser Mensch braucht Schutz und einen Rahmen für die große Phantasie und Kreativität. Malen und Musik könnten der Königin gefallen. Hier finden wir auch jene, die sich in ihrer subjektiven Phantasiewelt und ihren Träumen verlieren und den Bodenkontakt, die gute Erdung, einbüßen. Dann treten die Wasser des Unbewußten übers Ufer und vernebeln die klare Sicht der Dinge.

Ritter: Luft und Wasser schaffen hier einen Menschen, der viel über Gefühle redet, ohne sie zu leben und zu er-fühlen. Vor lauter Verstandestätigkeit beachtet er den Gefühlsbereich nicht, ja er fürchtet sich manchmal sogar vor der inneren Verletzlichkeit. Vielleicht glaubt er auch, er stehe über diesen „niedrigen" Lebensregungen und versucht daher, emotionale Probleme mit dem Verstand zu lösen. Es kann aber auch jemand sein, bei dem Gefühle und Verstand getrennte Wege gehen. Vielleicht treibt ihn das Gefühl zu Dingen, die sein Verstand nicht gutheißt, weshalb er seine Gefühle denn auch unterdrückt oder er erliegt emotionalen Zwängen immer wieder. Für diesen Charakter ist Selbsterkenntnis und die Ausgewogenheit von Verstand und Gefühl besonders wichtig.

Page: Erde und Wasser werden hier zu einer fruchtbaren Verbindung. Wenn das Wasser die Erde tränkt, beginnen die Pflanzen zu wachsen. Hier siehst du eine Haltung, die emotionales Handeln auf den Boden der Tatsachen stellt. Diese Person zeigt ihre Gefühle ausgewogen und selbstsicher, ja geradezu mit einer kindlichen Unschuld und Ehrlichkeit. Sie ist in der Lage, nährende und heilende Beziehungen einzugehen und aufrecht zu erhalten. Ein liebevoller, freundlicher Charakter mit großen kreativen und künstlerischen Fähigkeiten, die nach Umsetzung verlangen.

Schwerter - die luftigen Verstandesmenschen

König: Feuer und Luft geben sich bei diesem Charakter die Hand. Er handelt spontan und tut genau das, was er denkt. Er besitzt große Durchsetzungs- und Überzeugungskraft, ist mutig und voller Energie. Du wirst ihm nicht leicht ein X für ein U vormachen können. Allerdings hat er manchmal etwas zu feste Vorstellungen, was ihn unflexibel werden läßt. Er folgt, wie alle Schwerter, akribisch dem linearen Verstand und so sieht er mitunter außer der eingeschlagenen Linie keine anderen Wege mehr zum Glück.

Königin: Wasser im Innen, luftiges Handeln im Außen. Sie ist eine gereifte Persönlichkeit, innerlich warmherzig, gefühlvoll, nach außen hin klar, direkt und rational. Sie weiß ihre Gefühlswelt, ihre Phantasien und Träume zu zügeln und sie unterscheidet genau zwischen Illusion und Wirklichkeit. Dies ist ein Charakter voller Selbsterkenntnis, die

128

durch lange und oft schmerzliche Erfahrungen gewachsen ist. An diesem Menschen ist keinerlei Oberflächlichkeit. Die Schwertkönigin ist stets bereit, ihre wahren Ansichten klar und direkt zu äußern und sie hat gelernt Nein zu sagen, wenn sie Nein meint. Kann sein, daß sie auf harmoniesüchtige Gemüter etwas herb wirkt, aber diese Frau steht zu sich.

Ritter: Luft zu Luft gibt einen Luftikus. Hier ist der kühle Logiker und Rechner, der zwei und zwei zusammenzählt, der weiß was er will. Manchmal aber fühlt er nicht, was er wirklich braucht. Intellektuell verbohrt oder auch völlig zerstreut ist er häufig. Vielleicht versucht er auch, andere zu belehren oder schlägt sogar verbal um sich. Er denkt schneller, als er sprechen kann, was dazu führt, daß er sich verhaspelt oder den Faden verliert. Wenn dieses Bild deine „Dauerkarte" ist, solltest du eine Urlaubsreise zum Abschalten in Erwägung ziehen.

Page: Erde gemischt mit Luft könnte einen Sandsturm ergeben. Jedenfalls wirbelt diese Person mächtig Staub auf. Hier siehst du einen aktiven Charakter, der sagt was er denkt und tut was er will und - das ist das Entscheidende: das Ganze steht auf dem Boden der Tatsachen! Da kommt vielleicht jemand mit neuen guten Ideen ins verstaubte und vermuffte Büro und bringt durch konstruktive Kritik frischen Wind herein. Diese Person plant sorgfältig und realistisch, wohlwissend, daß sie am Anfang steht und die große Arbeit noch vor ihr liegt.

Erde - die erdigen Realisten

König: Feuer und Erde bringen hier einen Charakterzug zum Vorschein, der sich als bodenständige, realitätsbezogene Intuition beschreiben läßt. Das kann die Unternehmerin oder der Geschäftsmann mit dem richtigen Riecher für ein gutes Geschäft sein oder die Mutter, die intuitiv spürt, daß Klein-Fritzchen wieder einmal etwas ausgefressen hat. Die intuitive und spirituelle Feuerkraft ruht hier voll integriert im irdischen Alltag. Dies ist ein gereifter, Individualist, der seinen metaphysischen Ursprung nicht vergessen hat, obwohl er voll und ganz in der irdischen Realität verankert ist. Dieser Mensch könnte vielleicht auch spirituell heilen, weil er die Energie zu erden vermag.

Königin: Wasser im Herzen, erdiges Handeln im Außen. Diese Person richtet ihre Gefühle auf die irdische Realität. Alle Erdkarten mögen das Leben und die Erde besonders, denn es ist ihr bevorzugtes Element, aber die Königin liebt die Welt wie keine andere. Sie hat sich vorgenommen, seelische Erfüllung im irdischen Leben zu finden und scheint es auch geschafft zu haben. Sie wertschätzt ihren Körper und besitzt so die Möglichkeit, zu heilen und ganz zu werden. Ihre Emotionen sind frei von Illusion und überzogener Erwartung. Sie ist in ihren Beziehungen realistisch und akzeptiert die anderen, so wie sie sind. Daher ist sie weitgehend frei von Projektionen und schätzt auch sich selbst realistisch ein.

Ritter: Luft innen und Erde als Handlungsmuster. Der Verstand führt die Hand. Hier siehst du den fleißigen Arbeiter, der seine Pflicht erfüllt. Er besitzt großes Organisationstalent und plant sorgsam, bevor er zur Tat schreitet. Er ist meist auch handwerklich begabt und sein Streben und Trachten bezieht sich ganz aufs Materielle und Körperliche. Wenn er nicht aufpaßt, kann er jedoch das Urvertrauen zu den feinstofflichen Wurzeln vor lauter Planen und Vorsorgen auch verlieren. Vielleicht meint er ja, mit dem Verstand allein das ganze Leben regeln zu können oder wird von Existenzängsten getrieben.

Page: Erde und Erde ergibt Bodenständigkeit und Realitätsbezogenheit in jeder Hinsicht. Dieser Mensch setzt Projekte in Gang und hält die Dinge am Laufen. Wie alle jüngeren Charaktere steht diese Person am Anfang. Wenn sie weiß, was sie zu tun hat, erfüllt sie ihre Aufgabe gewissenhaft. Die Pläne dafür stammen manchmal von anderen oder der Mensch folgt streng einem übergeordneten Rhythmus oder Muster. Das kann ein Naturrhythmus oder eine gesellschaftliche Mode sein. Hier ist das Element Erde mitunter etwas träge oder so sehr mit der Ausführung der Arbeit beschäftigt, daß ein bißchen Feuer nicht schaden könnte.

Werte nun deine Hofkarten aus und notiere alles, was dir spontan sonst noch dazu einfällt.

Beachte die Bilder, vor allem die Gesten oder den Gesichtsausdruck der Figuren.

Welche Kleidung tragen sie?

Was für Farben haben die Gewänder?

Haben sie Gegenstände oder Tiere bei sich und was für eine Bedeutung verbindest du damit?

Einführung in das Kartenlegen

Der Tarot dient beim Kartenlegen als Sprachrohr für deine Intuition. Dabei solltest du dir darüber klar sein, daß der Tarot im Grunde ein Spiel mit dir selbst ist. Du befragst dein Inneres, um Klarheit in deine Gedanken zu bringen.

Der Augenblick sollte stimmen, wenn du Karten legst:

1. Du brauchst genügend Zeit und einen ruhigen ungestörten Platz, um deine Karten auszubreiten.
2. Du willst etwas gezeigt bekommen und bist bereit die Antwort anzunehmen, wie auch immer sie ausfällt und willst darüber nachdenken.
3. Du formulierst eine Frage und wählst die Karten in Ruhe aus, indem du deinen inneren Impulsen folgst.

Wenn du diese Punkte beachtest, erhältst du meist auch klare, sinnvolle Antworten, ohne dein eigenes Wunschdenken vor dir auszubreiten. Wenn du innerlich angespannt bist und sehr starke Vorstellungen davon hast, was herauskommen soll, dann kann dies die Antwort allerdings beeinflussen.

Wer Meditation, Yoga, Tai Chi oder ähnliches betreibt, könnte z.B. nach den Übungen Tarot spielen, weil dann die inneren Kanäle zur Intuition gereinigt sind und der Alltagsstreß abgefallen ist. Auch kleine Rituale wie das Anzünden einer Kerze oder Duftlampe oder die Aussicht auf einen gemütlichen Feierabend mit dir allein, können zu einer Beschäftigung mit deinem Inneren einladen.

Günstig ist es, immer am gleichen Platz Tarot zu spielen, vielleicht auch immer zur gleichen Tageszeit, so daß das Betreten des Platzes, das Auspacken der Karten usw. schon auf die nötige Ruhe einstimmt. Der Umgang mit den Bildern des Tarot und somit die Innenschau kann für dich zu einer lieben Angewohnheit in deinem Tages- oder Wochenplan werden. So kann dir das Kartenlegen auch zu innerer Ruhe und Konzentration verhelfen. Außerdem wirst du kaum einen versierten Umgang mit dem Tarot erlangen, wenn du nur gelegentlich die Karten zur Hand nimmst und in einem Buch die Bedeutungen nachschlägst. Die Bücher verhelfen dir zwar zum nötigen Grundwissen, aber sie können nicht jede mögliche Situation oder Kombination beschreiben. Irgendwann bist du selbst gefordert, den Tarot eigenständig zu interpretieren.

Die richtige Frage

Bevor du die Karten ziehst, solltest du dir über deine Frage im Klaren sein. Das klingt zwar recht einfach, aber eine gut gestellte Frage bekommst du meist erst nach einiger Überlegung. Oft sind wir von diffusen Gefühlen und Gedanken so durchdrungen, daß wir vom Tarot sofort ein Wunder erwarten, damit es uns wieder besser geht. Das klappt natürlich nicht, sondern steigert die Konfusion nur noch. Fragen wie „Was wird passieren?" oder „Was denken die anderen über mich?" oder gar „Liebt er/sie mich?" zeugen lediglich von deiner Unsicherheit, die du dir aber noch nicht einmal richtig eingestehst, sonst bräuchtest du nämlich den Tarot nicht dafür.

Diese Fragen zementieren deine Passivität und den Glauben, einem bestimmten Schicksal oder einer Entwicklung ausgeliefert zu sein. Mit solchen Fragen schiebst du deine Selbstverantwortung beiseite und auch die Möglichkeit, in dein Leben aktiv einzugreifen. Außerdem sind sie geradezu prädestiniert dafür, daß sich dein Wunschdenken oder deine Befürchtungen vor dir als Tarotmuster ausbreiten. Wenn du also etwas über andere Menschen wissen willst, dann benutze die konvertionelle Methode, frage sie selbst oder Leute die sie kennen.

Gute und hilfreiche Fragen sind immer die, die sich auf dich selbst, dein Wachstum und dein Handeln beziehen, wie z.B. „Was kann ich tun?" „Wo stehe ich gerade?" „Was kann/muß ich durch die anderen lernen?" „Bin ich jetzt bereit für eine liebevolle Partnerschaft?" „Wie habe ich diese Situation in der Vergangenheit beeinflußt?" „Was kann ich ändern?" usw. Diese Fragestellung geht davon aus, daß du der Mittelpunkt deines eigenen Kosmos bist und dir deine Situationen selbst erschaffst. Was nützt dir die Zuneigung eines anderen Menschen, wenn du gar nicht bereit bist, sie anzunehmen und im Grunde nur Lust auf ein Abenteuer hast? Die Frage „Was will ich von den anderen?" schafft erst einmal Klarheit in dir selbst, so daß du dann in der entsprechenden Weise handeln kannst. Erst wenn du weißt, was du wirklich willst, wirst du es auch herbeiziehen unter den Milliarden Möglichkeiten, die das Universum dir bietet.

Eine weitere wichtige Frage, die wir oft vernachlässigen, ist die Frage nach unserer Bereitschaft, eine Veränderung im Leben oder die Erfüllung eines Wunsches, auch anzunehmen. Es genügt nicht, zu wissen, was du wie tun mußt, um Erfolg zu haben. Du brauchst das innere o.k. dazu, sonst wirst du trotz Selbsterkenntnis an deiner Situation nichts verändern.

Oft wünschen wir uns sehr lange etwas Bestimmtes, eine Beziehung, eine neue Arbeit, Anerkennung usw. Dann kann es sein, daß der Umstand des unerfüllten Wünschens ein festes Muster von uns wird. Wir sind es gewöhnt, etwas Bestimmtes nicht zu bekommen, bzw. lediglich die Sehnsucht danach zu haben und fühlen uns so ganz wohl damit. Wenn es dann plötzlich in unser Leben tritt, können wir gar nichts damit anfangen, ja wir bekommen sogar Angst vor der Erfüllung unserer Sehnsucht. Dies kommt daher, daß unser altes *Muster der Unerfülltheit* dann nicht mehr paßt und wir es loslassen müssen.

Alte Muster zu verändern, ist jedoch mit Angst verbunden, denn es bedeutet auch neue Entscheidungen und Herausforderungen. Immer glauben wir, daß wir dabei etwas verlieren. Das stimmt zwar, aber es ist etwas, das wir nicht mehr brauchen.

Deshalb frage dich: „Bin ich jetzt wirklich bereit für ... ?" Wenn du jetzt noch nicht bereit bist dazu, dann erfüllt sich auch dein Bestreben nicht oder du wirst nicht glücklich dabei. Dann mußt du erst den Weg bereiten, indem du bewußt nach den Bremsklötzen, den alten Mustern, forschst und sie losläßt. Hier kannst du natürlich auch wieder mit Hilfe des Tarot herausfinden, was zu tun ist.

Das Ziehen der Karten

Das Ziehen der Karten handhabe ich ganz einfach. Nach dem Mischen fächere ich mit der linken Hand die Karten auf und ziehe eine nach der anderen, indem ich meine Linke über die Karten halte und „spüre", welche ich nehmen muß. Es ist oft wie ein leichtes Wärmegefühl oder eine Karte fällt mir optisch besonders auf, weil sie irgendwie anders liegt als die anderen. Das Finden der Karten überläßt du am besten deiner Intuition. Laß dich einfach führen. Dieses Häufchen kannst du dann, wenn du willst, nochmals mischen, bevor du es in dem gewählten Legemuster ausbreitest.

Du kannst dir natürlich auch eine eigene Methode überlegen, denn der Tarot funktioniert immer. Du brauchst keine rituelle Form dafür. Manche Menschen mischen die Karten, heben dreimal ab, schichten die Häufchen wieder aufeinander und legen dann die oberen der Reihe nach aus. So geht es natürlich auch. Wichtig ist nur, daß du bei diesem Vorgang in Gedanken bei deiner Fragestellung bist. Ziehe die Karten erst dann, wenn du genügend gesammelt bist. Bis dahin kannst du sie gründlich mischen und mischen und mischen... und dann wirst du spüren, wann der richtige Moment gekommen ist.

Wenn du jemand anderem die Karten deuten willst, dann mische die Karten und fächere sie auf, bevor sie die Person dann selbst zieht. Konzentriert euch am besten beide auf die Frage, die ihr vorher besprochen habt. Danach legst du dann das gewählte Legemuster aus.

Noch ein Wort zur linken Hand, mit der der Tarot üblicherweise gezogen wird. Unsere linke Seite steht für das Unbewußte, die rechte für unser Bewußtsein. Man hat festgestellt, daß die linke Körperseite von der rechten Gehirnhälfte gesteuert wird, in der die Funktionszentren u.a. für Kreativität und Intuition liegen, während in der linken Gehirnhälfte, die die rechte Körperseite steuert, die rationalen Funktionen beheimatet sind, wie z.B. Sprache, Schreiben usw.

Beim Tarot wollen wir mit unserer Intuition in Kontakt kommen, deshalb hat hier die linke Hand Vorrang, entgegen unserer sonstigen bewußten Rechtshändigkeit. Wenn du viel mit rechts machst, dann rate ich dir, nimm die Linke zum Tarot. Wenn du Linkshänder bist, versuche es mit rechts. Durch die ungewohnte Hand-lung wird dein eingefahrenes Muster durchbrochen, was deinem Umgang mit dem Tarot Außerordentlichkeit gibt.

Wenn du die Karten für jemand anders legst, dann gib der Person nach dem Aufdecken Zeit, sich selbst die Bilder anzusehen. Genauso wie Träume am besten von den Träumenden selbst gedeutet werden können, verhält es sich auch mit den Tarotkarten. Selbst Unkundige erkennen etwas für ihr Leben Bestimmtes in den Karten, wenn sie sich frei davon machen, ein besonderes Wissen zu benötigen.

Erkläre der Person, daß sie dir einfach ihre Eindrücke und Empfindungen schildern soll. Versuche dann, eine möglichst abstrakte Zusammenfassung zu geben, die der Person Raum läßt, den sie mit privaten Bedeutungen füllen kann. Das mag sich vielleicht so anhören: „Du stehst gerade vor einer großen Veränderung, einem Neubeginn, aber es gibt noch Ängste, die dich hindern anzufangen." Vielleicht erwähnst du noch, ob die Ängste materieller oder geistiger Natur sind. Das kannst du leicht an den Elementen ablesen und das genügt dann auch. Male keine Situationen aus, schließlich ist keine Hellseherei von dir gefordert. Meist spricht die Person dann gern über ihre Dinge und bestätigt dir, daß die Karten stimmen. Es kann aber auch sein, daß jemand nichts dazu sagt. Das ist dann auch in Ordnung. Freue dich über das Vertrauen, das der andere Mensch dir entgegenbringt und gehe verantwortlich damit um.

Über die Häufigkeit des Kartenlegens

Unterschiedliche Meinungen herrschen über die Häufigkeit des Kartenlegens. Manche Leute sind eher für den seltenen Gebrauch, also nur bei wichtigen Fragen und Anlässen. Ich denke aber, daß gerade Anfänger es ruhig öfter ausprobieren sollten. Wie läßt sich sonst Erfahrung im Kartenlegen sammeln?

Ganz sicherlich wenig bringt das Kartenlegen jedoch, wenn du nur mal eben 10 Minuten Zeit hast und ganz schnell noch etwas *nachsehene* willst. Was auch mehr verwirrt, als daß es nützt, ist das Mehrfachlegen, nur weil dir dein erstes Blatt nicht gefallen hat. Setze dich immer mit den Karten auseinander, die du ziehst. Erst wenn du den tieferen Sinn einer Auslegung wirklich verstanden hast, könntest du noch einmal neu die Karten legen.

Hierbei kann es dann vorkommen, daß einige Karten vom vorhergehenden Blatt wieder erscheinen, oft mit sinnfälligem Positionswechsel wie z.B. daß eine Karte von der Gegenwartsposition auf die Vergangenheit wandert. Dies bedeutet, daß sich durch das erste Tarotbetrachten bereits eine innere Veränderung ergeben hat, die sich beim zweitenmal schon in den Karten zeigt.

Wenn viele Große Arcana in deinem Blatt vorkommen, dann *gilt* es wahrscheinlich länger, d.h. du brauchst dann nicht gleich nach zwei Tagen die Karten zu diesem Thema neu zu legen. Große innere Veränderungen vollziehen sich nicht so schnell im Leben. Es ist aber durchaus in Ordnung, wenn du in einer Woche mehrmals den Tarot legst, weil du spürst, daß sich bei dir gerade sehr viel verändert. Es gibt manchmal sehr verdichtete Entwicklungsphasen, wo alles Kopf zu stehen scheint. Da ist der Tarot recht hilfreich. Und warum solltest du darauf verzichten?

Nützlich ist es auch, den Tarot zu besonderen Anlässen wie Geburtstag oder Jahreswechsel zu legen. Du könntest dann vielleicht fragen:„Was habe ich im nächsten Jahr zu lernen?" „Welche Herausforderungen liegen in dem Jahr vor mir?" o.ä.Wenn du jemand neu kennenlernst, lohnt sich oft die Frage:„Was habe ich durch diesen Menschen zu lernen?" Ich glaube daran, daß wir alle hier auf Erden sind, um etwas zu lernen und auch Beziehungen entstehen oder trennen sich aus diesem Grund. Wenn wir wissen, was wir von anderen lernen können, dann schätzen wir auch Beziehungen ganz anders ein. Sie werden dadurch zu einem Teil unseres Weges, der einen besonderen Sinn erfüllt. Das Wissen um den eigenen Entwicklungweg gibt dir auch die Freiheit, selbst auszuwählen, was deinem Fortkommen dienlich ist.

Wenn du länger mit dem Tarot arbeitest, spürst du sehr genau, wann es Sinn hat, die Karten zu legen. Vielleicht hast du dann einmal für sehr lange Zeit nicht das Bedürfnis, dir die Karten zu legen und ein andermal legst du sie mehrmals in einer Woche. Du mußt nicht befürchten, vom Tarot abhängig zu werden. Es ist nicht der Tarot, der dich abhängig machen könnte, sondern es liegt in deiner Verantwortung, ob du es zuläßt oder nicht. Ein Mensch kann von allem und jedem abhängig werden, vom Fernsehen oder von Schokolade, von Drogen, Zigaretten, Liebespartnern, Gurus oder Religionen. Es ist eine Frage der Eigenverantwortung, denn am Anfang einer jeden Abhängigkeit steht auch die Entscheidung dazu.

Die tiefere Dimension der Deutung

Es kommt manchmal vor, daß du beim Deuten eines Tarotblattes feststellst, daß es dir sowohl auf deine spezielle Frage Antwort gibt und gleichzeitig läßt es sich auch auf andere Lebensbereiche übertragen, geradeso als hättest du danach gefragt. Dies sind sicherlich Momente in denen du außerordentlich hellhörig für die Informationen deiner inneren Stimme bist, aber es zeigt sich hier auch, daß der Tarot genau wie das Leben selbst, multidimensional erfaßt werden kann. Er dient als Instrument für die Betrachtung auf mehreren Ebenen.

Je weiter du dich entwickelst, desto mehr Räume und Dimensionen des Lebens erschließen sich dir. Der Tarot folgt dir in all diese Räume und bildet sie ab. Mit der Zeit wird sich deine spirituelle Entwicklung in den Karten spiegeln und je weiter du fortschreitest, desto weniger wirst du den Tarot noch für banale Alltagsfragen benützen.

Vielleicht brauchtst du ihn dann eines Tages gar nicht mehr, weil du sensibel genug geworden bist und gelernt hast, den Kontakt zu deiner Intuition ständig aufrecht zu erhalten und dem besseren Wissen deines Höheren Selbst sofort zu folgen.

Bis dahin behandle deine Karten gut. Vielleicht hast du dein Tarotspiel in einer hübschen, bunten Pappschachtel gekauft, dann kannst du es gut darin aufbewahren. Manche Spiele werden in Kunststoffhüllen angeboten, die mitunter seltsam nach Plastik riechen. Ich verknote einfach ein Stück Seide um mein Tarotdeck, das gefällt mir am besten. Vielleicht findest du aber auch noch einen anderen schönen Behälter für dein Spiel, eine Holzschachtel vielleicht, die du selbst bemalst oder sonst eine ansprechende Hülle.

Dein Tarotspiel ist zwar zu Anfang ein Produkt der Druckindustrie, aber je länger und öfter du es benutzt, desto mehr erhält es deine persönliche Note. Die Gebrauchsspuren sehe ich nicht als Nachteil. Das ist die Patina vieler Stunden Zwiesprache mit dir selbst. Mit der Zeit verbindest du mit jeder Karte vielfältige eigene Erfahrungen, die in deinem Unbewußten abgespeichert sind. Beim Kartenlegen rufst du die Erinnerungen ab.

Ich glaube, daß sich ein Tarotspiel dadurch mit der Zeit energetisch auflädt, d.h. du füllst deine psychische Energie hinein und auch du wirst merken, daß die Karten nach einer Weile der Benutzung an Substanz und persönlichem Wert gewinnen.

Legemuster und ihre Bedeutung

Es gibt viele verschiedene Möglichkeiten, wie du deine Karten auslegen kannst. Ich stelle hier die Varianten vor, die ich selbst gern verwende. Du kannst auch eigene Muster erfinden oder wenn du mehr
Tarotpraxis besitzt einfach wahllos und ohne bestimmtes Muster eine
Reihe von Karten zu deiner Frage ziehen. Einfacher ist es, anfangs mit
einem festen Muster zu arbeiten. Es bildet ein Raster von Bedeutungen, denen die einzelnen Karten zugeordnet werden. Auf diese Weise
siehst du, auf welchen Bereich sich eine Karte bezieht.

Pentagramm

Karten mischen, mit der linken Hand ziehen, evtl. nochmals mischen
und in dieser Reihenfolge auslegen:

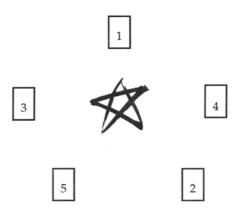

1. Der Kopf gibt den Überblick über die Situation.
2. Der rechte Fuß gibt den nächsten Schritt an, die weitere Entwicklung. Hier zeigt sich, was als nächstes zu tun ist oder was ansteht und
auf dich zukommt.

3. Die linke Hand steht für unbewußte, spontane Handlungen oder Energien, die du dir zunutze machen kannst, deren du dir aber noch nicht bewußt bist.

4. Die rechte Hand zeigt deine bewußten Handlungen, dein Verhalten und alles, was dir zur Sache bewußt ist.

5. Der linke Fuß steht für deine tiefsten Wünsche. Er kann den Schritt des rechten Fußes behindern und dich zum Stolpern bringen, wenn du ihn nicht genügend beachtest oder aber er steht für eine ergänzende Kraft aus deinem Inneren.

Dieses Legemuster geht vom Pentagramm, dem alten Kraftzeichen und Symbol für den Menschen aus. Es ist bei vielen Fragen geeignet, besonders dann wenn du dich innerlich zerrissen und ungeordnet fühlst. Es zeigt dir, in welchen Bereichen du aus dem Gleichgewicht geraten bist.

Innere Führung

Legemuster mit sieben Karten zum Herausfinden der richtigen Handlungsweise. Karten mischen und auffächern, 7 Stück auswählen, diese wenn gewünscht nochmals mischen und der Reihe nach auslegen:

1. Basis der Situation
2. momentane Lage
3. weitere Entwicklung
Diese 3 Karten geben einen Überblick über den zeitlichen Verlauf der Angelegenheit.
4. Zentralkarte oder Ratgeber - Hier erhältst du den Vorschlag für das, was zu tun ist oder auch eine Warnung vor problematischen Verhaltensweisen.

5. Außenwelt
6. Hoffnungen und Ängste
7. Schlüsselkarte, Sinnzusammenhang, Potential - Die letzte Karte gibt oft eine Erklärung für den tieferen Sinn der Sache, vielleicht auch über die Lektion, die du gerade zu lernen hast.

Bei diesem Muster können auch nachträglich nochmals eine oder zwei Reihen neu gezogen und dazugelegt werden, um die Situation noch aus anderen Blickwinkeln zu erfassen. Die Grundfrage dieses Musters lautet: *Was kann/soll ich tun?*

Die 7 Karten für innere Führung sind angebracht, wenn die Zusammenhänge einer Situation im Großen und Ganzen bekannt sind und nun irgendeine Form von Handlungsbedarf besteht, z.B. bei lange aufgestauten Angelegenheiten oder bei dem Bedürfnis, etwas tun zu müssen.

Keltisches Kreuz

Karten auffächern und mit der linken Hand die entsprechenden zehn Karten auswählen. Eventuell das Päckchen nochmals mischen und in dieser Reihenfolge offen auslegen:

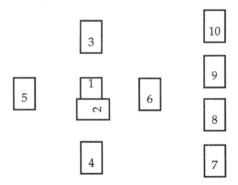

1. Kraft - die momentane Grundenergie, die dich umgibt.
2. Gegenkraft oder Ergänzung zur Kraft. Beide zusammen bezeichnen deine gegenwärtige Situation, zwei Kräfte die in dir selbst wirken.
3. Bewußtes - alles was du zur Sache weißt.
4. Unbewußtes - unbewußte Kräfte und Strömungen in dir. Oft liegen die größten Stärken oder Schwächen im Unbewußten begraben. Beachte diese Karte besonders. Steht sie im Kontrast zum Bewußten?
5. Basis - Ursache, auf der die Situation oder Frage beruht
6. weitere Entwicklung
7. Selbst - deine Haltung, die du zum Ganzen einnimmst.
8. Außenwelt - die Energie, die von außen wirkt.
9. Hoffnungen und Ängste - was erhoffst du, was befürchtest du? Deine Erwartungen zur Sache.
10. Schlüsselkarte oder Potential - der tiefere Sinn des gesamten Musters, oft auch die Lektion die zu lernen ist, besonders wenn eine Trumpfkarte auftaucht.

Das Keltische Kreuz gibt dir einen Gesamtüberblick über alle momentanen Strömungen in deinem Leben. Es zeigt dir deine Situation als Ganzes und die allgemeine Grundfrage könnte lauten: *Wo stehe ich gerade?*

In der Kreuzform des Keltischen Kreuzes treffen 2 Achsen aufeinander, zum einen die Senkrechte, Bewußtes - Kraft - Unbewußtes, die sich mehr auf dich selbst bezieht und die Waagrechte des Kreuzes, Basis - Gegenkraft - weitere Entwicklung, die das zeigt, was du im Zeitablauf machst, die also eine Chronologie der Situation gibt.

Die seitlichen 4 Karten deute ich als Einzelpositionen, als Zusatzaspekte, die das Geschehen der Kreuzform erläutern. Mit Potential meine ich alle Möglichkeiten, die du wahrnehmen kannst oder auch nicht. Das bestimmst nur du selbst. Bei Unklarheit ziehe nochmals eine Karte mit der Frage, wie du das Potential erreichen kannst (bei angenehmen Karten) oder was du tun mußt, um es abzuwenden (bei unangenehmen Karten) und - was sehr wichtig ist - tu das dann auch. Wenn du dich bemühst, für dich oder andere die Tarotkarten zu lesen, dann sollte mit diesem Wissen, zu dem ja ein gewisser Einsatz an Zeit und Konzentration notwendig war, sorgfältig umgegangen werden. Laß´ die Gelegenheiten nicht verstreichen, sondern unternimm etwas mit den Informationen, die dir zuteil werden.

Und noch etwas: Bitte die Position *Außenwelt* nicht zu absolut betrachten, sonst läufst du Gefahr, dir ein zu festes Bild von anderen Menschen zu machen. Sie heißt zwar Außenwelt, aber hier erfährst du weniger, wie die anderen sind, sondern wie du sie siehst, wie sie auf dich wirken und vor allem, für welche Energien von außen du als Fragende offen bist. Oft handelt es sich auch wirklich um reine Energien, nicht um Personen. Das kann dann auch ein Buch sein, ein Film oder ein Gespräch, das zu deiner Situation paßt und das dir hilft oder deine Sache irgendwie beeinflußt.

Hexagramm

Sechs Karten wie üblich ziehen, eventuell nochmals mischen und wie zwei Dreiecke, die übereinanderliegen aufdecken.

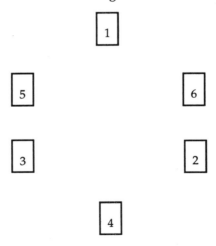

Das erste Dreieck weist mit der Spitze nach oben, das zweite nach unten. Das Hexagramm verbindet somit zwei verschiedene Pole zu einem Ganzen. Es zeigt, wie Gegensätzlichkeiten überwunden werden und es verbindet Himmel und Erde miteinander. Das nach oben weisende Dreieck sind deine hochfliegenden Wünsche usw.:

1. Dein Traum, Wunsch, die Idee, die du im Kopf hast. Das was du erreichen möchtest. Die Sache, um die es geht. Das Ziel, das du bewußt oder unbewußt ansteuerst.
2. Die Kraft, die du einsetzt. Was tust du dazu? Deine Haltung.
3. Innere Gegenkraft oder auch zusätzliche positive Energie. Welche innere Haltung hemmt dich? Die Karten 2 und 3 zeigen dir, ob du dein Ziel eindeutig anstrebst, dann nämlich, wenn sich beide Karten ergänzen oder ob du zerrissen bist und in dir Gegenkräfte wirken, die dich hemmen oder abbringen wollen. In dem Fall gilt es zu prüfen, ob die Idee überhaupt Sinn macht. Das erfährst du über das zweite Dreieck.

Das nach unten weisende Dreieck, das was du erreichst oder erden kannst:
4. Das Erreichbare. Vergleiche mit der 1: Gegensatz bzw. Ergänzung von Wunsch und Wirklichkeit.
5. Was ist zu tun, damit du das Erreichbare auch wirklich erreichst?
6. Umfeld, Außeneinflüsse, die Haltung der Außenwelt; kann günstig oder störend sein

Dieses Muster eignet sich besonders gut zum Harmonisieren von Beziehungen oder um Wünsche mit der Wirklichkeit abzugleichen. Es zeigt dir, wie du dich am besten verhalten solltest, um Himmel und Erde, Yin und Yang, Ich und Du oder was für Pole auch immer, auszugleichen und zur Ergänzung zu bringen. Außerdem warnt es dich, wenn du unrealistische Rosinen im Kopf hast.

Ich und Du

Dies ist ein *Beziehungsmuster* aus 10 Karten, das Aufschluß über Kommunikation und Austausch gibt. Es zeigt dir, wie du zu einer bestimmten Person stehst und was du von ihr wahrnimmst. Letzteres muß nicht notwendigerweise damit übereinstimmen, wie die Person wirklich ist, sondern es zeigt dir, wie du sie empfindest. Vergiß also auch hierbei nicht, daß du selbst es bist, die die Karten für die andere Person zieht. Das Muster kann dir helfen, dir deine Empfindungen über das Verhalten der anderen Person bewußtzumachen.

Wähle zehn Karten aus und konzentriere dich während des Ziehens auf die Person, mit der du in Beziehung stehst. Lege dann aus wie folgt:

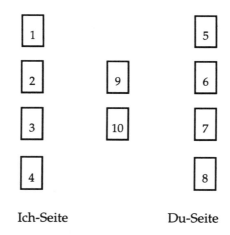

Ich-Seite   Du-Seite

Vier Karten für die Ich-Seite, vier für die Du-Seite; die zwei Karten in der Mitte geben über die Art der Kommunikation Aufschluß.

1. und 5. zeigen die Feuerebene der Beziehung, die Energie, die beide hineingeben, die Ideen usw.
2. und 6. zeigen die Wasserebene, die Gefühlsseite, das Seelische der beiden Partner.

146

3. und 7. zeigen die Luftebene, das was beide denken, die Pläne und Vorstellungen, auch Ängste und Problemdenken.

4. und 8. zeigen die Erdebene, die konkrete Realität, das was beide wirklich tun und einander zeigen.

9. und 10. zeigen auf, wie es mit der Verständigung klappt oder auch nicht und welcher Bereich der Beziehung gefördert werden sollte. Karte 9 zeigt, wie und auf welcher Ebene du mit der Person kommunizierst. Das könnte z.b. eine Karte der Kleinen Arcana sein. Damit hast du dann einen Hinweis auf die elementische Ebene. Bei einer Kelchkarte wäre dies Wasser, also Gefühl. Du gehst also sehr emotional heran, sprichst durchs Gefühl. Erscheint ein Trumpf an dieser Stelle, dann ist es wahrscheinlich so, daß du in der Beziehung durch diesen Archetyp auftrittst. Die Herrscherin könnte beispielsweise bedeuten, daß du als Mutterfigur auf die andere Person zugehst. Karte 10 gibt Aufschluß darüber, wie die Person dir begegnet. Hier ist es ebenso wie oben: die Kleinen Arcana zeigen zuerst die elementische Ebene, dann erst deutest du sie im Einzelnen. Ein Trumpf wie z.B. der Herrscher könnte eine väterliche Haltung der anderen Person andeuten. Harmonieren beide Karten, dann klappt es gut mit der Kommunikation. Zwei freundliche Kelchkarten könnten beispielsweise bedeuten, daß ihr gerade in Gefühlen schwelgt. Zwei heftige Schwerter mögen ein Streitgespräch anzeigen, das endlich geführt werden will. Hast du eine Kelch-, die andere Person jedoch z.B. eine Schwertkarte, dann steckst du emotional drin, während die Person vielleicht noch drüber nachdenkt ob ... oder eure Kommunikation steht im Spannungsfeld von Gefühl und Verstand.

Bei dieser Legung spielen die 4 Elemente und ihre Plazierung eine große Rolle. Beachte die Gegensätzlichkeit bestimmter Elemente. Klar, daß auf der Wasserebene, dem Gefühlsbereich, Schwerter eigentlich unpassend sind. Dies könnte bedeuten, daß Gefühle durch Gedanken oder endloses Reden unter/aus-gedrückt werden. Stabkarten sind auf der Erdebene fehl am Platz, außer sie zeigen deutlich an, daß etwas Konkretes passiert. Ansonsten ist das Ganze noch in den Kinderschuhen der Ideen- und Anfangsphase.

Power-Frau/Mann

Dieses Muster zeigt dir, wo es lang geht! Du brauchst 9 Karten dafür.

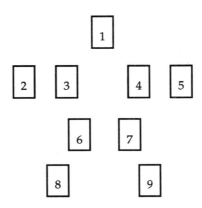

1. Hauptsache. Worum es geht. Oder: Wo ist das Problem?
2. Was verdrängst du?
3. Was wünschst du dir?
4. Was traust du dir zu? Was zeigst du nach außen?
5. Wo liegst deine Kraft? Was ist deine größte Power?
6. Was sagt deine Intuition? Vorgefühle, Ahnungen.
7. Was ängstigt oder ärgert dich? Störungen.
8. Wobei oder wogegen sperrst du dich?
9. Was solltest du tun?

Dieses Muster eignet sich besonders für unklare Gefühlszustände, ja sogar für Krisensituationen, denn es hilft, das innere Wirrwarr an Eindrücken und Wahrnehmungen zu sortieren und zeigt dir, wo deine größte Power liegt.

Mondzyklus

Wenn dieses Muster an Neumond als eine Art Ritual gelegt wird, dann ist es sinnvoll, die zeitliche Abfolge des Mondes zu beachten (ca. 3 Tage pro Schritt/Karte). Dann nämlich ist damit eine Entwicklungsphase verknüpft, die sich an der Mondkraft orientiert.

Ansonsten dient das Muster als 9stufiger Überblick über ein Projekt, einen Neubeginn, wo dir noch unklar ist, was du willst, tun sollst, ob es etwas bringt usw. Es ergeben sich drei Phasen, die dir das Wachsen und Werden eines Projekts schildern. Ziehe 9 Karten und verfahre wie üblich.

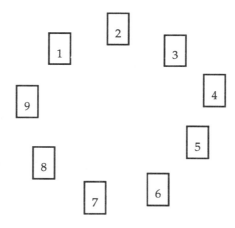

Wachstumsphase (das Projekt ist noch empfindsam und klein; es muß erst ausgebrütet werden; keimt im Inneren; es geht dabei ums eigene Klarwerden)

1. Keimkraft; welche Kraft hat das Ganze?
2. Welche Form hat es? Wie weit geht es? Werde dir bewußt, was du willst.
3. Wie kannst du den Plan festigen? Was mußt du tun, um ihn zu schützen? (z.B. weitererzählen oder geheimhalten bis du dir sicher bist usw.)

Handlungsphase (das konkrete Tun für die Sache)

4. Was mußt du tun, wenn dir obiges klar ist? Handeln, damit die Sache klappt; das Ganze konkret in die Wege leiten.
5. Was für Widerstände von außen können auftreten? Mit was wirst du konfrontiert, wenn du handelst, wie es deine Sache erfordert?
6. Was lernst du daraus? Welche Erkenntnis oder Schlußfolgerung ziehst du aus dem Widerstand der Karte 5? Welche Position hast du im Gegensatz zur Karte 5, die ja auch Personen oder äußere Umstände bedeutet?

Erfüllung (auf was mußt du achten, damit dein Plan sich erfüllt)

7. Welche Kontakte zur Außenwelt brauchst du? Wer hilft dir? Wer schadet dir? Wie fruchtet die Sache im Außen?
8. Was bringt dir das Ganze? Welcher Gewinn (materiell, geistig, seelisch) winkt dir? Beachte: es gibt auch *negativen Gewinn*. Vergleiche mit Karte 2: Was willst du - Was kriegst du?
9. Abschluß und Ruhe. Auf welche Art mußt du dich von deiner Idee wieder lösen?
Wenn wir kräftig auf etwas hingearbeitet haben, ist es manchmal gar nicht leicht, sich wieder zu lösen und anderes zu tun. Aber das Leben besteht nicht nur aus einer Sache. Hier siehst du, wie du Abstand nehmen kannst. Außerdem ist es manchmal wichtig, eine begonnene Sache loszulassen, damit sie als Verwirklichung zu uns zurückkehren kann.

Baum des Lebens

11 Karten ziehen, evtl. nochmals mischen und dann in der Reihenfolge auslegen:

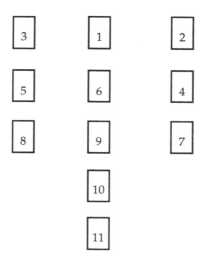

Bei diesem Muster geht es um die Frage des *Wer bin ich?*, um das eigene Sein zum momentanen Zeitpunkt, um einen Überblick über die Potentiale und Energien, die du zur Verfügung hast und wie du damit umgehst, bzw. besser umgehen könntest. Es ist ein komplexes Muster, für das du dir genügend Zeit nehmen solltest.

1. Lektion, die gerade ansteht; Selbstausdruck; Ausrichtung und Ziel des Höheren Selbst.
2. beschreibt den Weg zum Ziel.
3. zeigt die Herausforderungen, die zu bestehen sind, um das Ziel zu erlangen, die Hemmnisse und Stolpersteine, das was es zu überwinden oder loszulassen gilt.
Diese drei Karten zeigen das höhere Wissen aus der spirituellen Ebene deiner Existenz, die *Spitze der Baumkrone* gewissermaßen. Auf einer tieferen Ebene zeigen die drei Positionen auch das karmische Muster

151

an, das du gerade reproduzierst. Alles, was wir tun, gründet auf bestimmten Mustern, die wir öfter wiederholen, mitunter sogar über mehrere Inkarnationen hinweg.

4. Das Erreichbare. Welche äußeren Dinge kannst du erreichen?
5. Erfahrung. Welche Probleme können auftreten, wenn du gewinnen willst? Was mußt du wissen und beachten? Welche Herausforderung ist zu bestehen? Diese Position steht oft im Gegensatz zur 4. Karte.
6. bildet die Synthese aus 4 und 5. Wie gehst du mit deinen Wünschen und Gewinnen, mit dem Lebenskampf, um? oder auch: Was sagt dein Körper, deine Gesundheit, dazu?
Diese drei Karten beziehen sich auf die bewußte, physische Ebene deiner momentanen Situation. Oft beschreiben sie die Arbeit oder den Bereich, wo wir unsere Pflicht oder unser Karma erfüllen. Die 6 sagt dir auch, ob dir deine momentane Situation gefällt oder nicht und warum. Hier kann auch ein psychosomatischer Hinweis auftauchen.

7. Unterbewußte Steuerung durch eine bestimmte innere Haltung, ein Verhaltensmuster, einen Moralcodex etc. Kann förderlich oder hemmend sein, entzieht sich aber momentan deinem Einfluß und ist oft ein Gegensatz zur Position 8.
8. Unbewußte, machtvolle Energie. Triebkraft. Was willst du aus dem Bauch heraus, im tiefsten Inneren?
9. Synthese aus 7 und 8, wie ausgewogen sind Trieb und Steuerung?
Diese drei Karten beschreiben dein Unbewußtes, im Gegensatz zur bewußten Ebene darüber. Die 7 beinhaltet oft anerzogene Muster, während die 8 die heimlichen Wünsche spiegelt, die durch das Muster manchmal unterdrückt werden.
Bei zerstörerischen Wünschen ist es natürlich gut, wenn sie gebremst werden, bevor ein Unglück geschieht. Manchmal wird aber auch die Kreativiät und Originalität durch ein „Das tut man nicht!" oder „Das kann ich nicht." gehemmt. Dann liegt die Kraft der 7 wie ein Deckel über der 8. Die 9 zeigt dir, wie sich die unbewußte Energie dennoch ausdrückt oder ob sie zunächst nicht eingesetzt werden kann. Bewältigt sie die 7 oder paßt sie sich resigniert an?

10. Außenwelt
11. Wandlungskraft. Der gute Rat, *das Pferd*, auf das du setzen kannst. Manchmal auch eine Warnung vor besonders negativer Einstellung.

Astrokreis

Du benötigst 12 Karten, die du im Kreis auslegst. Das Muster ist als Situationsbefragung für alle Themen geeignet.

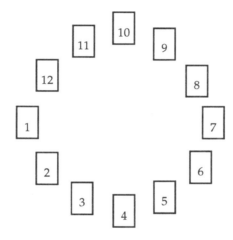

1. persönl. Kraft, Egoausdruck, Durchsetzung, Wille
2. die Grundlagen in der Materie; das was dir zur Verfügung steht
3. Kommunikation, wie machst du dich verständlich?
4. deine tiefsten Gefühle und Wünsche; die Wurzeln des Ganzen
5. Selbstausdruck, Kreativität, neue Ideen
6. Analyse vom Verstand her, Realitätsbezug
7. Partnerschaft, dein Umgang mit anderen, wie gehst du auf sie zu?
8. was du loslassen solltest
9. Hoffnungen und Ängste, Glaube
10. das Ziel, das du ansteuerst (oder ins Auge fassen solltest)
11. Außenwelt, Energie der anderen
12. unbewußte Kräfte, die nützlich oder schädlich sein können

Das Ziehen einzelner Tarotkarten

Du kannst natürlich auch Einzelkarten zu deinen Fragen ziehen. Wenn du deine innere Entwicklung betrachten willst, dann verwende nur die Großen Arcana z.b. als Dreierfolge für gestern, für jetzt, für morgen.

Gerade wenn du so mit den Großen Arcana arbeitest, wirst du öfter synchronistische Bezüge deines Alltagslebens zu der gezogenen Karte feststellen. Es kann passieren, daß dir das Tarotsymbol in den verschiedensten Ausformungen begegnet. Halte Augen und Ohren offen, es kann ganz wunderbar sein!

Vielleicht tauchen die Symbole und Bilder deiner Tarotkarten auch in deinen Träumen auf. Deute deine Traumbilder so, als wären sie Tarotkarten. Wenn die Bilder deiner Karten erst einmal in dir lebendig geworden sind, dann ist nicht mehr viel Unterschied zwischen einem Traum und einer Tarotbefragung. Durch beide kannst du viel über dich selbst erfahren.

Solltest du die Karte Tod ziehen, dann mußt du allerdings nicht damit rechnen, daß jetzt jemand in deiner Umgebung stirbt. Möglicherweise triffst du aber auf das Prinzip der materiellen Umwandlung in irgendeiner Form. Vielleicht läßt du deine Lieblingsvase fallen, als Symbol für Trennung, oder die Reinigung ruiniert dein schönstes Kleid oder du wirkst Unvorhergesehenem entgegen, indem du bewußt etwas losläßt, was du nicht mehr brauchen kannst.

Das Entschlüsseln eines Tarotkartenmusters

Mit den folgenden Fragen kannst du dir einen Überblick verschaffen und die Karten miteinander verbinden. Stelle dir die Fragen der Reihe nach und sei dabei so genau und ehrlich wie möglich, vor allem was deine Gefühle angeht. Wenn du erschrickst, so bedeutet das nicht, das jetzt das Schlimmste bevorstehen muß. Setze dich damit auseinander, daß dir nicht alles was du beim Kartenlegen zu sehen bekommst, auch angenehm ist. Vielleicht siehst du Seiten von dir, die dir gar nicht gefallen oder der Tarot belehrt dich eines Besseren. Nimm deine Karten einfach an, so wie sie sind.

1. Zuerst das Wichtigste: Was hast du beim Aufdecken der Karten spontan gefühlt? Schreck? Angst? Freude? Aufregung? Lachen? Du glaubst gar nicht, wie du manchmal wirst lachen müssen, wenn du die Karten aufdeckst!

2. Gibt es viele oder wenige Große Arcana? Ein größerer Entwicklungsprozeß zeigt sich in einem hohen Anteil an Trumpfkarten. Wenig oder gar keine Trümpfe markieren ein alltägliches Geschehen, das deinem eigenen Einfluß unterliegt. Die Herausforderungen der Großen Arcana hingegen mußt du annehmen, wenn sie auf dich zukommen.

3. Achte auf die Verteilung der Elemente: Fehlt ein Element? Hat eines Überschuß? Sind alle in etwa gleich vorhanden?

4. Fällt eine Farbe (oder mehrere) besonders auf? Was für Bedeutungen verbindest du mit dieser Farbe? Fehlt sie dir oder hast du sie im Überfluß?

5. Kommt eine Zahl öfter vor? Hier handelt es sich um eine Verschiebung von einem Bereich in einen anderen. Wenn z.B. auf der Position der Vergangenheit die Schwert-Drei liegt und auf der Entwicklungstendenz die Stab-Drei, dann schaffst du es sicher, daß du vom

vielen Denken wegkommst, hin zu aktivem Handeln, also vom Element Luft zum Feuer. Oder du findest eine Trumpfkarte und eine der Kleinen Arcana mit gleichem Zahlenwert vor. Hier beschreibt dann die große Karte das Entwicklungsthema, während die kleine zeigt, in welchem Element es sich im Alltag äußert.

6. Tauchen ähnliche Figuren oder Symbole in mehreren Karten auf? Vielleicht hast du mehrere Karten mit einer zentralen Figur nebeneinander liegen. Wie verändert sich die Figur? Ihre Kleidung? Ihr Ausdruck? Oder ein gleiches Symbol taucht am Anfang und Ende des Legemusters auf, z.B. ein Quadrat, Dreieck oder eine Kreisform. Wodurch unterscheiden sie sich? In welchen Farben stehen sie?

Diese Fragen sollen dir helfen, den Zusammenhang des Musters zu erkennen. Ein gesprochener Satz besteht zwar aus einzelnen Wörtern, aber durch die Betonung erhält er seinen Zusammenhalt und wird verständlich. Genauso ist es mit dem Tarotkartenmuster. Nicht alle Karten sind gleich wichtig. Manche sind nur Bindeglieder, während andere die Übersicht geben. Ich habe oft schon ganze Farbverläufe erhalten, so daß ein Muster in Blau anfing und am Ende grüne Karten erschienen. Auch die Elemente geben gute Hinweise für die weitere Entwicklung. So kann sich ein Muster von Feuer nach Luft entwickeln, je nachdem, welche Karten am Anfang und Ende liegen.

Eine weitere gute Methode zum Lesen deines Tarotmusters ist das Benennen der Karten mit einem Begriff oder einem Wort, das dir gerade dazu einfällt. Finde für jede Karte ein Wort und zwar bevor du über die möglichen Bedeutungen nachdenkst oder nachliest. Oft sagt dir ein einziges Wort mehr, als eine lange Deutungsbeschreibung. Dieses eine Wort gibt natürlich nicht die Universalbedeutung der gesamten Karte, aber es gibt das für dich in diesem Moment wichtige Stichwort. Vielleicht kannst du aus diesen Worten auch einen ganzen Satz, eine Affirmation o.ä. bilden.

Es lohnt sich, die Befragungen zu notieren. Vielleicht magst du dir ein spezielles Tarotbuch anlegen, wo du auch ab und zu nachschlagen kannst. Mit der Zeit bekommst du ein fortlaufendes Tarot(tage)buch und siehst in der Rückschau auch gleich, auf was für konkrete Dinge sich die Karten bezogen haben. Das festigt deine Erfahrungen für den weiteren Umgang mit dem Tarot.

Farbe ist sichtbares Gefühl

Farben wirken sehr intensiv im Menschen, sie sind Ausdruck unserer Psyche oder wie Goethe es nannte: „der Abglanz des Lebens zwischen den Polen von Licht und Finsternis". Die Bilder vieler Tarotdecks sind oft durch ihre Farbkraft allein auch für Unkundige faszinierend. Beim Kartenlegen sind die Farben ein wichtiger Faktor für die Deutung. Sie übermitteln bereits einen Teil des Inhalts der Karten und stimmen dich tiefer auf eine Karte ein. Sie lösen Gefühle und Empfindungen aus, die du dann zur Deutung heranziehen kannst.

Durch meine Arbeit als Malerin weiß ich, was der Umgang mit Farbe im Menschen bewirken kann. Über die Farben drücken wir unser Inneres aus. Farbe ist eine Art universale Sprache, von einzelnen kulturellen Unterschieden abgesehen. Vielleicht kennst auch du Tage, an denen du dich mehrmals umgezogen hast, weil du nicht die richtige Farbe finden konntest. Sensible Menschen können sich unwohl fühlen, wenn sie in einer Farbe gekleidet sind, die nicht ihrem Gefühl entspricht.

Wir wissen heute, daß jede Farbe ihre eigene psychologische Bedeutung hat und sie besitzt nicht nur rein physikalisch sondern auch spirituell ihre eigene Schwingungsenergie. Im Folgenden gebe ich eine, sicherlich nicht ganz vollständige Liste von Farbbedeutungen. Du wirst wahrscheinlich auch noch eigene, vielleicht abweichende, persönliche Farbzuordnungen haben.

Rot
ist eine der Grundfarben und steht für Ursprung, Zündfunke, Energie, Macht, tätige Handlung, Kampf, Aktivität, Lebensfreude und Lebenskraft, Wärme, Feuer, körperl. Vitalität, physische Geborgenheit, Neues. Rot unterstützt die Sinne, weckt Leben und Lebensenergie, gibt Stärke und Autorität.

Orange

ist die Mischung aus Rot und Gelb, aus Lebensfreude und -kraft sowie Wissen und Verstand. Es bedeutet Freude, Leuchtkraft, Austausch, aktive Ansprache, Sexualität und Bewegung auf das Du hin. Es verbreitet Freude und Wärme, regt an, fördert Ideen und geistige Konzepte, vertreibt Depressionen.

Gelb

symbolisiert Kommunikation, Expansion, Beweglichkeit, Licht, Bewußtsein, geistige Vitalität, Leichtigkeit, Neues. Es wirkt nervenstärkend, anregend und luftig. Der spirituelle Aspekt verbindet uns mit dem geistigen Teil des höheren Selbst und der Seele.

Grün

ist die entspannte Mitte aus Gelb und Blau und bedeutet daher Balance, Ausgleich, Naturverbundenheit, die Ebene des Daseins und der materiellen Welt. Grün ist die Farbe der Lebendigkeit und Frische. Es gibt uns aber auch Entspannung, Beständigkeit, Vertrauen, Gelassenheit.

Blau

ist wie Gelb und Rot eine Grundfarbe und beinhaltet das Prinzip des In-sich-Aufnehmens, der Meditation, der Tiefe und Ferne, der Ruhe und Traumwelt. Sie ist die Farbe der Sehnsucht und Treue, der Dämmerung und des Wässrigen. Sie führt uns zum Selbstausdruck, nach innen ins Unbewußte. Sie wirkt kühlend und beruhigend. Spirituelle Aspekte sind Wahrheit, Wissen, Erforschung.

Violett

ist die Mischung aus Rot und Blau und steht für Introversion und tiefe Meditation. Sie ist die Schwelle zum Unsichtbaren, im Lichtspektrum kommt danach das unsichtbare Ultraviolett. Auch ist sie die mystische Farbe der Gotik. Sie bedeutet die Verbindung zu Spiritualität und Intuition, zum Kosmos. Sie steht auch für spirituelle Kommunikation, für tiefstes inneres Wissen.

Purpur
stellt die höchste spirituelle Verbindung dar, Verbindung zum Göttlichen, zum Ewigen, All-Eins-Sein. Sie ist Symbol für heilige Kraft und Integration. Das Purpur war früher deshalb nur den Königen und Kardinälen vorbehalten.

Pastelltöne
sind Mischungen der reinen Farben mit Weiß. Das bedeutet eine Verfeinerung, eine Verdünnung des Farbtons, seine Kraft tritt zurück ins Zarte, Verfeinerte, oft auch ins Schwächliche.

Schwarz
bedeutet Finsternis, Nacht, Abgrenzung. Es ist Symbol für das Unbewußte und es besitzt Undurchdringlichkeit. Aber es gibt auch ein kreatives Schwarz, als Symbol für das Urpotential, das tiefe Schwarz des Urschoßes, aus dem alles Seiende geboren ist.

Weiß
symbolisiert als mystische Farbe die Unsterblichkeit. Es ist das reine Licht, sowohl im spirituellen Sinn als auch in der Physik. Wir sprechen vom Tageslicht als weißem Licht, es enthält aber alle Spektralfarben zu gleichen Teilen. Weiß legt sich auf nichts fest, bekennt keine Farbe, es ist ein Zeichen für Reinheit und Sauberkeit.

Komplementärfarben:

Farbe	Gegenfarbe
Rot	Grün (Gelb-Blau-Gemisch)
Orange (Rot-Gelb-Gemisch)	Blau
Gelb	Violett (Rot-Blau-Gemisch)
Schwarz (farblos)	Weiß (alle Farben)

Die Komplementärfarben oder Gegenfarben (weil sie sich im Farbkreis genau gegenüberliegen) bilden den größten Kontrast und gleichzeitig aber auch die Abrundung zur Vollständigkeit, denn alle drei Grundfarben sind stets in der Mischung aus Farbe und Gegenfarbe enthalten. Mit Hilfe von Komplementärfarben kannst du die reinen Farben neutralisieren und einen Überfluß beheben.

Fragenkatalog zu den Kleinen Arcana

Wenn du einmal zu einer Karte der Kleinen Arcana überhaupt keinen Zugang erhältst, kann dir dieser allgemeine Fragenkatalog zu mehr Klarheit verhelfen. Auch wenn du die Neigung oder Befürchtung hast, dich selbst zu überlisten, so daß deine Karten stets zu schön, um wahr zu sein scheinen, dann kannst du dich mit diesen Fragen zum tieferen Schürfen anregen.

Stäbe

As Du bist voller Energie. Wie kannst/ möchtest du sie jetzt ausleben?

2   Weshalb hältst du die Kraft zurück? Wer oder Was steht dir gegenüber? Ruhst du dich auf deinen Lorbeeren aus?

3   Was möchtest du am liebsten als nächstes beginnen? Wie kannst du es beginnen?

4   Worüber möchtest du dich gern mit anderen austauschen? Über was solltest du schon lange einmal mit deinem Partner/deiner Partnerin reden?

5   Was bremst deine Energie? Hast du ein zu hochgestecktes Ziel, wodurch dein gegenwärtiges Handeln blockiert wird? Vor wem willst du glänzen? Was für einen Wettstreit führst du?

6   Wie kannst du deine Sache jetzt in Angriff nehmen? Wie kannst du die anderen begeistern, mit dir zusammen die Sache zu beginnen? Hast du Angst, etwas allein zu unternehmen?

7   Was kannst du tun? Was möchtest du tun? Was brennt dir unter den Nägeln? Hast du Angst, nicht stark genug zu sein?

8   Über was mußt du jetzt unbedingt mit den anderen sprechen? Wie

sind deine eigenen Vorstellungen zur Sache? Bist du offen und ehrlich genug?

9 Hast du eine bewußte Verbindung zu deinem Unbewußten, zu deiner inneren Kraft? Wie kannst du deine eigene innere Energiequelle anzapfen? Macht dir deine eigene Kraft angst?

10 Wodurch fühlst du dich unterdrückt? Weshalb lädst du dir zuviel auf, wovon soll dich deine Überarbeitung ablenken? Hast du das Gefühl, nicht genug zu leisten?

Kelche

As Du bist voller Liebe.Wie sieht deine Vorstellung von Liebe aus? Wie fühlt sich dies in deinem Herzen an? Mit wem willst du sie teilen?

2 Bist du jetzt wirklich bereit für ein liebevolles Geben und Nehmen mit einer Partnerin oder einem Partner? Was bist du bereit zu geben, was nicht?

3 Wie kannst du jetzt ein liebevolles, freudiges Zusammentreffen mit anderen arrangieren oder daran teilnehmen? Mit wem möchtest du dich gern treffen?

4 Kann es sein, daß du zuviel erwartest und deswegen die kleinen Geschenke des Lebens nicht siehst? Kannst du die Gefühle von anderen freudig annehmen?

5 Was hast du zu deinem Verlust beigetragen? Was sagt dir der Schmerz? Was kannst du daraus lernen? Was entsteht an Neuem durch den Verlust des Alten.

6 Welchen Herzenswunsch würdest du jetzt gerne erfüllt sehen? Kannst du deine Gefühle zu anderen offen zeigen oder wagst du es nicht? Was sind die Gründe dafür?

7 An welchen unrealistischen Träumen hängst du fest? Verklärst oder beschönigst du deine vergangenen Erfahrungen?

8 Weshalb fühlst du dich von Liebe und Gefühl abgeschnitten? Benötigst du vielleicht gerade emotionale Ruhe und Abstand?

9 Wie kannst du deine Vorstellungen von freundlicher und liebevoller Zusammengehörigkeit mit anderen Menschen realisieren? Kannst du reine Freundschaft genießen oder willst du mehr?

10 Wie kannst du dich jetzt am besten entspannen und schöne Gefühle genießen? Mit wem am liebsten?

Schwerter

As Du besitzt geistige Klarheit und Wissen. Wie kannst du dein Bewußtsein nützen?

2 Welche Gedanken wühlen dich gerade auf? Wie kannst du sie zur Ruhe bringen? Zögerst du eine Entscheidung hinaus? Warum?

3 Wie drückt sich dein Schmerz darüber aus, daß deine Wünsche nicht erfüllt worden sind? Läßt du deine Tränen zu oder unterdrückst du sie?

4 Wie kannst du dir jetzt eine (geistige) Ruhepause verschaffen? Von was möchtest du dich jetzt lieber zurückziehen?

5 Wie sähe das Ideal in deiner Situation aus? Warum hast du es nicht erreicht? Worin besteht deine Niederlage wirklich? Wolltest du es vielleicht tief drinnen auch gar nicht?

6 Was für ein neues Ziel strebst du bereits gedanklich an? Wie kannst du deine Gedanken auf dein Ziel ausrichten? Wie kannst du die Ideen in die Tat umsetzen?

7 Wie lauten deine negativen Gedanken und Vorwände, die dich vom Handeln abhalten? Was hast du bislang wirklich erreicht?

8 In welchen alten Gedanken und Vorstellungen bist du gefangen? Warum willst du sie nicht loslassen? Schützen dich die alten Muster davor, Verantwortung für dein Leben zu übernehmen?

9 Was für ein Zwiespalt zerreißt dich? Welche Entscheidung steht jetzt an? Was passiert, wenn du dich für die Seite entscheidest, auf der dein Herz steht?

10 Woran denkst du gerade mit Schrecken? Was ist für dich das Schlimmste? Sind deine schlimmsten Befürchtungen bei näherer Betrachtung realistisch?

Scheiben

As Das Leben gibt dir, was du brauchst. Kannst du es auch freudig annehmen? Bist du bereit dazu?

2 Was möchtest du in deinem Leben verändern? Was mußt du dafür tun?

3 Woran möchtest du von Herzen gern arbeiten? Was willst du dir gern aufbauen? Wofür willst du deine Mühe und Kraft gern geben? Bist du bereit für diese Arbeit?

4 Grenzt du dich ab, um dich zu isolieren oder bräuchtest du gerade mehr Form und Struktur in deinem Leben?

5 Welche Sorgen und Bedenken oder Vorwände verhindern dein klares Handeln?Woran hältst du fest und blockierst dich dadurch? Von welcher festgefahrenen materiellen Haltung solltest du dich jetzt befreien?

6 Wie kannst du dein Projekt jetzt am besten ausbauen und erwei-

tern? Wie kannst du es mit anderen teilen, um Erweiterung und Verbindlichkeit zu erlangen?

7 Was könntest du jetzt noch aktiv tun? Hast du alles getan, was dir möglich war?

8 Woran kannst du jetzt arbeiten, damit deine Projekte florieren? Wagst du es jetzt, fest an dich zu glauben? Kennst du deine Fähigkeiten?

9 Welche ist die sinnvollste und erfolgversprechendste deiner Ideen? Welches wichtige Projekt hat jetzt Vorrang? Hast du Angst vor deiner Unabhängigkeit, weil dies Verzicht und Entscheidungen mit sich bringt?

10 Was hast du dir bis jetzt geschaffen und wie kannst du dich weiter entfalten? Wo liegen deine größten Stärken und wie kannst du sie sinnvoll in Leben und Arbeit einbringen? Spürst du noch, was hinter den Dingen steckt?

Wie du den Tarot im Alltag nützen kannst

Deine gelegten Karten sind eine synchronistische Momentaufnahme deines Lebens. Du erkennst mit ihrer Hilfe deine Schwächen und Stärken. Du siehst, was du im Überfluß hast oder was du gerade bräuchtest. Wenn du dieses Wissen jedoch nicht auch in den Alltag integrierst, d.h. in eine lebbare Form umwandelst, dann dient der Tarot nur dazu, deinen Kopf mit Informationen über dich selbst zu füllen. Doch es genügt nicht, zu wissen, du mußt auch handeln!

Der Tarot ist aber nicht ausschließlich nur ein Abbild deines Lebens, sondern du schaffst durch die Betrachtung auch neue Situationen und Veränderungen, die sich dann in dein Leben einfügen. Das ist schwer zu verstehen und wahrscheinlich noch schwieriger zu glauben, doch mittlerweile gibt es auch hierfür sogar Beweise aus der experimentellen Physik, deren Bedeutung wir uns nicht mehr verschließen können. Vereinfacht läßt sich sagen, daß das Universum quasi auf die Erwartungen der Beobachter eingeht und sich demgemäß tatsächlich durch Betrachtung verwandelt. In unserem Fall heißt das, wenn du Tarot spielst, stehst du nicht einfach außerhalb des großen Ganzen, sondern bist stets mitten im Spiel des Lebens und nimmst ständig Einfluß auf dessen Verlauf. Auch indem du ganz banal kleine bedruckte Kärtchen mischst und auslegst, schaffst du Veränderungen in deinem inneren Kosmos, die nach außen hin zum Ausdruck kommen. Es besteht also eine Wechselwirkung zwischen betrachten und erschaffen. Du siehst dir nicht einfach nur von außen dein Leben an, sondern indem du es betrachtest, erschaffst du es immer wieder neu.

Der Umgang mit dem Tarot endet nicht beim Kartenlegen. Es gibt viele Möglichkeiten, die erhaltenen Informationen anzuwenden. Hier sind ein paar Methoden, die ich selbst ausprobiert habe. Mit der Zeit fallen dir sicher auch noch eigene Anwendungen ein. Es sind keine Grenzen gesetzt, laß dich vom Tarot inspirieren!

Mantras zu den Trumpfkarten

Ein Mantra ist ein bedeutungsvolles Wort oder ein Satz, gedacht als Meditationshilfe zur Einstimmung des Geistes auf die kontemplative Phase. Durch ständiges Wiederholen des Mantras beruhigen sich die Gedanken und der Geist ist nicht mehr so leicht abzulenken. Insofern wirkt ein Mantra vorteilhaft auf die Nerven und stärkt gleichzeitig die geistige Energie und Konzentration.

Durch das ständige Rezitieren der Worte (auch gedanklich) wird der Körper zum *Resonanzboden* ihrer Schwingung. Wenn du ein Mantra mit einer positiven Aussage und angenehmen Schwingung häufig wiederholst, so daß du ganz erfüllt bist davon, dann wirst du spüren, daß negative Energien, wie Ängste und Zweifel, Streß und Ärger in dir keinen Raum mehr finden, wo sie sich festsetzen können. In entscheidenden Streßmomenten gewinnst du mit Hilfe eines erprobten Mantras, das sich günstig auf deine Psyche auswirkt, die Kontolle über deine Gedanken und wirst gelassener auf die äußeren Einflüsse reagieren.

Mit den folgenden Mantras oder Leitsätzen zu den Karten kannst du dein Inneres in gewisser Weise programmieren, d.h. wenn du die entsprechende Karte ziehst, dient der Leitsatz als als mentales Training, passend zum Inhalt der Karte. Durch häufiges Wiederholen des Satzes, vor allem abends vor dem Einschlafen, wirst du eine innere Veränderung herbeiführen. Betrachte dazu vielleicht auch die betreffende Tarotkarte.

Die Mantras können natürlich jederzeit umgestellt oder verändert werden. Wenn dir ein Satz nicht gefällt oder für dich nicht rund klingt, dann formuliere ihn solange um, bis er paßt. Wichtig ist, daß dein Mantra stets als positive Behauptung formuliert wird. Du behauptest einfach, daß etwas, was du erreichen willst (oder solltest) jetzt schon so ist.

Durch kraftvolle Mantras oder Leitsätze führst du dir selbst psychische Energie zu und bereicherst dein Leben. Wenn du Gefühle des Widerstandes gegen den Leitsatz verspürst, dann frage dich, woher die Blockierung kommt. Es kann sein, daß du einfach nicht an das Gute glauben willst, weil du zu sehr an negativen Aussagen hängst, die du vielleicht schon Jahre mit dir herumschleppst und die nun zu tiefer Überzeugung geworden sind. Ein ständiges „Das klappt doch nie!", „Bei mir hilft nichts mehr." oder „Das glaube ich nicht." verhelfen dir nicht gerade zu Mut und Kraft. Wenn du solche Überzeugungen entdeckst, formuliere sie erst in ihr Gegenteil um und hänge den Leitsatz deiner Karte dahinter, z.B. „Alle meine Projekte sind jetzt von Erfolg begleitet. Ich bin frei und gehe meinen Weg." oder „Ich finde jetzt Hilfe, beginne zu handeln und erreiche mein Ziel."

0 Der Narr	Ich bin frei und gehe meinen Weg.
1 Der Magier	Ich beginne jetzt zu handeln und erreiche meine Ziele.
2 Die Hohepriesterin	Ich erkenne die Weisheit meiner Intuition. Ich bin in Kontakt mit meiner Intuition. Das innere Wissen kommt von selbst zu mir.
3 Die Kaiserin	Ich bin erfüllt von lebendiger Kraft und Schönheit.
4 Der Kaiser	Ich schaffe Ordnung und Struktur. Ich nehme mein Leben jetzt in die Hand.
5 Der Hohepriester	Ich folge jetzt der inneren Botschaft. Die Botschaft kommt zu mir und ich erkenne sie sogleich.

6 Die Liebenden	Ich bin fähig, zu lieben. Ich bin jetzt bereit zu einem liebevollen Austausch.
7 Der Wagen	Ich begebe mich jetzt auf die Reise zu mir selbst. Ich bin bereit dazu, mich zu ändern.
8 Gerechtigkeit	Alle menschliche Erfahrung ist relativ. Jeder Teil meines Lebens ist einmalig. Ich nehme mich selbst so an, wie ich bin.
9 Der Eremit	Ich schaue nach innen. Ich finde das Licht.
10 Das Rad des Glücks	Ich tauche ein in das Wunder des Lebens.
11 Stärke	Ich genieße jetzt das Leben - ich lebe meine Kraft. Ich bin stark.
12 Der Gehängte	Ich lasse jetzt los und erkenne den tieferen Sinn.
13 Tod	Ich verliere die äußere Form, doch ich gewinne die Seele.
14 Die Mäßigkeit	Ich bin offen für innere Verwandlung und Wachstum.
15 Der Teufel	Ich bin jetzt bereit, meine dunkle Seite zu sehen.
16 Der Turm	Der Blitz der Erkenntnis bringt mich auf den Boden der Wahrheit zurück. Kein Neubeginn ohne Zerstörung des Alten.

17 Der Stern	Ich sehe das Licht in meiner Tiefe und vertraue meiner inneren Führung.
18 Der Mond	Ich schreite voran trotz Angst und Schrecken. Ich bleibe auf meinem Weg.
19 Die Sonne	Ich bin erfüllt von Licht und Freude.
20 Das Gericht	Ein neues Bewußtsein öffnet sich in mir. Alles ist neu.
21 Die Welt	Ich wandle in Schönheit und Liebe.

Du kannst dein Mantra auch auf einen Zettel schreiben und als eine Art magischen Talisman bei dir tragen. Nimm ein schönes Papier dazu und schreibe mit der Feder o.ä., damit der Zettel zu etwas Kostbarem wird, das du gerne auch betrachtest. Wähle die Farbe des Papiers mit Bedacht, denn auch sie trägt zum Gelingen bei. Nimm den Zettel oft hervor und lies dein Mantra durch. Eventuell zeichnest du noch etwas dazu Passendes auf oder du kopierst die Tarotkarte im Kleinformat und klebst die darauf.

Besonders wirkungsvoll wird das Ganze, wenn du dein Papierchen nach einer genügenden Zeit des Herumtragens und Aufladens (das geschieht immer dann, wenn du es betrachtest) feierlich verbrennst. Durch diese kleine *magische Energiearbeit* kommt die gewünschte innere Veränderung sehr schnell zum Tragen.

Kartenmeditation

Dazu legst du die Karte, über die du meditieren willst, vor dich hin und betrachtest sie, entspannt sitzend, ohne über die Bedeutungen nachzudenken. Achte darauf, daß deine Wirbelsäule gerade ist. Atme erst einige Male ruhig und gleichmäßig tief. Dann lasse die Karte einfach nur auf dich wirken: die Farben, die Gegenstände, die dargestellten Personen.

Vielleicht tauchen in dir zuerst beschreibende Gedanken auf, die die Karte erfassen. Diese innere Beschreibung nimmst du am besten zur Kenntnis und läßt sie dann wieder los. Verweile bei keinem Detail länger. Irgendwann haben sich alle Teile der Karte zu Wort gemeldet. Wenn du keine Worte mehr hast, betrachte innerlich leer die Karte immer weiter. Hier stellt sich dann meist ein Grundgefühl für sie ein, das sich mit Worten nicht mehr umschreiben läßt. Dieses Grundgefühl ist deine ureigenste Zuordnung für die Karte.

Auf dieser Stufe des Erkennens ist jede Karte wertfrei, d.h. weder gut noch schlecht, sondern einfach die Darstellung einer in unserer Welt existierenden Energie- oder Ausdrucksform. Stark energetische Karten in Rot- oder Orangetönen können bei langer Betrachtung aufregen, manche Bilder in Blautönen machen bei intensiver Meditation müde und verträumt, andere regen vielleicht zarte und liebevolle Gefühle in dir an wie z.B. Rosa. Verbleibe nur solange in der Emotion dieser Tarotkarte, wie du dich wohlfühlst damit. Oft reichen einige Minuten zu einem tieferen Verständnis der Karte aus.

Manchmal erscheint vielleicht ein Bild aus dir selbst oder du hörst einen Satz in Gedanken, der für dich wichtig ist. Das ist eine wunderbare Erfahrung, weil dann dein Höheres Selbst ganz direkt mit dir kommuniziert. Einer Kursteilnehmerin fiel während einer Kartenmeditation in der Gruppe plötzlich zum Rad des Lebens der Satz ein: „Der Sand der Zeit wird alles hinwegwehen", was um so erstaunlicher war, weil sie zuerst mit dieser Karte nichts anfangen konnte. Dieser Satz hat in ihr ein tiefes Verständnis für den dauernden Wechsel des Lebens ausgelöst, wodurch sie auch momentane Veränderungen in ihrem eigenen Leben besser annehmen konnte.

Wenn du fühlst, daß du genug hast, beschließe die Meditation damit, daß du deinen Blick wieder auf die einzelnen Details des Bildes richtest und sie nochmals bewußt aufnimmst. Atme dann noch dreimal tief durch und sage dir, daß du jetzt gleich mit dem dritten Atemzug frisch und munter sein wirst. Lege diese Karte vielleicht auch an einen Platz, wo du sie im Laufe des Tages noch öfter siehst.

Diese Meditation bewirkt eine Veränderung im Inneren, die bis in dein äußeres Leben reicht, weil sie ein Bewußtsein für eine vorhandene Energie schafft und du somit die Energie auch gezielt einsetzen kannst. Ich wende sie nur für Karten an, die gerade für mich wichtig sind, z.B. weil sie beim Tarotlegen in letzter Zeit öfter aufgetaucht sind oder weil ich spüre, daß mir die Kraft einer bestimmten Karte gerade fehlt.

Das Pentagramm als Kraftspender

Du kannst dir mit dem Tarot auch einen magischen Kraftspender legen. Dieser dient als Empfänger für feinstoffliche Energien und ist ein Instrument zur unterbewußten Selbst-Programmierung und Entfaltung von erwünschten Energien im eigenen Leben.

Dazu brauchst du ein kreisrundes Stück Papier, auf das du einen Fünfstern als Symbol für den Menschen und das Leben zeichnest. Ziehe die Figur in einem Stück ohne abzusezten. Laß die Spitzen an den Rand stoßen. Wenn du die Prozedur umgekehrt versuchst, also erst das Pentagramm ziehst und dann den Kreis drumherum schneidest, wirst du vermutlich ein eiförmiges Stück Papier erhalten, außer du bist in der Lage, vollkommene Pentagramme in einem Zug zu zeichnen. Außerdem benötigst du die 4 Asse deines Tarot und eine Trumpfkarte, deren Energie du in deinem Leben und in deiner Persönlichkeit verstärken willst. Alles zusammen legst du nun so aus:

Trumpfkarte

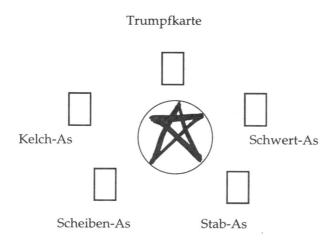

Kelch-As

Schwert-As

Scheiben-As

Stab-As

Auf das Papier in der Mitte legst du noch einen Heilstein (z.B. Bergkristall) den du vorher entweder unter fließendem Wasser oder durch eine Visualisierung mit weißem Licht gereinigt hast. Der Stein verstärkt die Kraft deines Pentagramms. Die Asse repräsentieren die 4 Elemente, die ja stets ausgewogen in uns zusammenarbeiten sollten. Dadurch, daß alle 4 Asse anwesend sind, werden sie harmonisch ausgeglichen.

Der Trumpf ist die Hauptsache, die du erzielen willst, das Thema, das bei dir zur Entfaltung ansteht. Entweder wählst du bewußt eine Karte aus, von der du denkst, daß sie dir abgeht oder du nimmst eine, die häufig auftaucht beim Kartenlegen. Wenn du das Bild längere Zeit liegenlassen willst, ordne es gleich an dem Platz an, wo du es lassen kannst, ohne es nochmals zu verrücken. Die folgende Aufladung des Bildes schafft eine Energieform, die durch das Verrücken oder Fortnehmen einzelner Teile wieder aufgelöst wird.

Setze dich nun bequem vor dein Kartenbild. Sieh dir die 4 Elemente an. Sie werden dir helfen, das zu entwickeln, was die Trumpfkarte zeigt.

Meditiere nun über die Trumpfkarte wie bei der Kartenmeditation beschrieben. Wenn du deine ureigene Antwort, deine Zuordnung oder Zielrichtung von der Trumpfkarte erhalten hast, dann projiziere diese Kraft, dieses Gefühl oder auch diese Worte, die aufgetaucht sind auf den Stein. Achte darauf, daß du ein sicheres Gefühl in dir spürst. Projiziere keine Zweifel, andernfalls prüfe, ob du die richtige Karte gewählt hast.

Du kannst auch die Kraft festlegen, die du in deiner Persönlichkeit entfalten willst. Wenn du der Meinung bist, dir fehlt es an Selbstbewußtsein, dann nimm z.B. Die Sonne einfach als Symbol für Selbstbewußtsein und warte, bis du dich von Selbstbewußtsein und Sonnenkraft, angeregt durch das Bild der Karte, übervoll fühlst. Projiziere dann dieses *künstlich erzeugte* Gefühl.

Beim Projizieren stellst du dir ganz einfach vor, die Energie fließt von dir in den Kristall, wie ein Energiestrom oder Lichtstrahl. Wenn du magst, berühre den Stein leicht mit der Fingerspitze und laß die Energie *aus dir ausfließen*. Der Kristall speichert die Energie/Information. Dadurch wird sie gebunden und ist ab sofort verfügbar für dich.

Du wirst nun lernen, sie in deinem Leben zu entfalten und zwar auf allen vier Ebenen: spirituell, emotional, mental und materiell. Das geht vielleicht nicht von heute auf morgen, aber wahrscheinlich mußt du deinen Kraftspender nicht länger als eine Woche liegenlassen. Häufiges Betrachten oder Verweilen in der Nähe des Kraftspenders bewirkt jedesmal eine erneute Aufladung deiner Aura mit der entsprechenden Energie. Wenn du genug davon hast, löst du durch Herabnehmen des Steines und Aufräumen der Karten den Kraftspender wieder auf. Reinige den Stein anschließend wie zu Anfang, damit er von der Prägung auch wieder vollends befreit ist und danke deinem Helfer aus der Kristallwelt. Du kannst noch ein übriges tun, wenn du den runden Zettel verbrennst. Dies bewirkt nochmals eine zusätzliche Rückkopplung der Energie. Willst du das nicht, dann hebe den Zettel für spätere Energiespender auf.

Diese Art von Energiearbeit wirkt ähnlich wie die Mantras, allerdings nicht gedanklich sondern auf unbewußter, feinster Ebene. Du mußt also nicht ständig mit dem Bild in Kontakt sein, damit es funktioniert. Durch den Kristall ist die Wirkung enorm verstärkt. Natürlich wirst du diese Technik nur mit erwünschten Kräften durchführen.

Du kannst dir den Kraftspender auch für eine spezielle Situation oder einen bestimmten Tag (z.B. eine Prüfung oder ein wichtiges Gespräch) bauen. Gehe in jedem Fall verantwortungsvoll mit Energiearbeit um und unterschätze ihre Kräfte nicht. Manchmal genügt allein schon eine halbe Stunde, um sich kurzfristig mit der entsprechenden Energie aufzuladen. Du wirst erstaunt sein, wie wirkungsvoll man sich selbst auf diese Weise beeinflussen und positive Veränderungen in der eigenen Persönlichkeit herbeiführen kann.

Mit Farben arbeiten

Wenn dir in deinen Tarotbefragungen eine bestimmte Farbe besonders auffällt, weil sie sehr oft auftaucht oder auf einer wichtigen Karte erscheint, dann ist sie sicherlich auch gerade wichtig für dich. Meist handelt es sich dabei um eine förderliche Farbe, die dir gerade guttut. Manchmal kann es auch sein, daß du zuviel davon hast, dann halte dich an die Gegenfarbe.

Du könntest dich dann in dieser Farbe kleiden, um ihre Wirkung zu verstärken oder Früchte und Gemüse in dieser Farbe essen. In dem Buch *Farbtherapie* von Christa Muths finden sich noch weitere Beispiele, z.b. für Farbbestrahlungen bei Krankheiten (mit Hilfe von bunten Glühbirnen). Oder du behängst eine Lampe mit einem durchscheinenden Tuch in deiner Farbe und tauchst so dein Zimmer in dieses Farblicht.

Farbmeditation

Natürlich läßt sich mit den Farben auch meditieren und visualisieren. Setze dich entspannt hin. Atme einige Male ruhig und gleichmäßig tief, bis du dich entspannt hast. Stelle dir dann vor, daß du mit jedem Atemzug diese Farbe einatmest, bis sie dich ganz füllt, ja so sehr füllt, daß du in deiner Farbe zu leuchten beginnst. Du strahlst diese Farbe nach außen ab. Du besitzt eine Aura aus dieser Farbe. Sie tut dir wohl, wärmt oder kühlt, entspannt oder regt an, je nachdem, welche Farbe es ist. Sie nimmt durch ihr ständiges Abstrahlen nach außen alles in dir, das du nicht brauchen kannst, mit an die Oberfläche der Farbaura, wo es sich auflöst und verdampft.

Stelle dir das so genau wie möglich vor und schaue mit deinem inneren Auge zu, wie es geschieht. Fühle, wie dich Rot anregt, während Blau dich wie ein kühles Seidentuch umhüllt. Male dir aus, wie dich Gelb mit Wärme füllt und Grün mit Vitalität und Frische. Wenn du spürst, daß du genug von der Farbe hast, dann lasse sie langsam ausklingen. Atme ruhig weiter. Nun enthält die Luft immer weniger Farbe, sie wird klarer und klarer. Atme noch einige Male die klare Luft ein und beschließe dann die Farbmeditation, indem du dir sagst, daß du sogleich frisch und munter aufstehen wirst. Du hast die Qualität deiner Farbe nun innerlich abgespeichert und sie wird dich auch weiterhin begleiten.

Wenn du Schwierigkeiten beim Visualisieren und Festhalten der Farben hast, dann kaufe dir einen Bogen Buntpapier und meditiere damit ähnlich wie bei der Kartenmeditation beschrieben. Vielleicht fallen dir als erstes die Farbbedeutungen ein, laß sie kommen und gehen bis die Worte von selbst aufhören. Irgendwann nimmst du dann die Farbe auf einer tieferen Ebene wahr und begreifst ihr Wesen von innen heraus.

Mit Farben umgehen

Malen ist auch eine gute Möglichkeit, um Farbe intensiv zu erleben. Es ist ein aktives, kreatives Tun, das sich sehr gut dazu eignet, die Farbschwingungen aufzunehmen. Laß dich einfach inspirieren! Male frei drauflos! Auch wenn du noch nie gemalt hast, probiere es einfach einmal aus. Du mußt ja kein Kunstwerk schaffen, es geht nur um den Umgang mit der Farbe. Du wirst sehen, es macht Spaß und wirkt.

Es kann sein, daß die besondere Farbe die in deinen Tarotkarten häufig auftaucht, nicht immer die ist, die dir gerade am besten gefällt. Arbeite trotzdem mit ihr. Sicher hast du sie gezogen, weil du jetzt bereit bist, mit ihrer Hilfe etwas über dich selbst zu erkennen und zu überwinden. Gerade Farben, aber auch Tarotkarten, mit denen du zunächst nichts anfangen kannst, sind oft sehr wichtig für dich. Sie geben einen Hinweis auf unbewußte Inhalte, denen du lieber ausweichen möchtest, anstatt dich ihnen zu stellen.

Die Bilder direkt in den Alltag übertragen

Scheue dich nicht, den Tarot auch ganz wörtlich zu nehmen. Übertrage das Bild auf deiner Karte ganz einfach in den Alltag!

Wenn du z.B. auf die Frage: „Was soll ich tun?" eine Karte mit dem Bild einer Frau, die gemütlich in einem Garten sitzt und vor sich hinträumt, vorfindest, dann mach genau das. Gehe hinaus in die Natur und gönne dir ein paar Mußestunden. Natürlich mußt du dich beim Gehängten nicht verkehrt herum an einen Baum hängen oder Kopfstand üben, aber du könntest versuchen, deine eigene Meinung einmal von der Gegenseite zu betrachten.

Das Ziehen einer Karte, vor allem aus den Großen Arcana, zeigt dir die Kräfte, die gerade in deinem Leben wirksam sind und die du beachten mußt. Die Form der Auswirkung ist dabei nicht festgelegt. Du kannst dich aber für die Energie der Karte empfänglich machen, indem du praktisch ein kleines Ritual vollziehst oder den Rat in irgendeiner Weise befolgst, damit sie bewußt in dein Leben treten kann.

Wenn dich der Tarot darauf aufmerksam macht, daß du z.B. Ruhe dringend nötig hast, den Rat aber nicht befolgst, dann kann es sein, daß dich andere innere Kräfte auf eine Art zur Ruhe bringen, die dir vielleicht weniger gefällt. Viele Krankheiten oder Unfälle beruhen darauf, daß wir die Warnungen unserer inneren Stimme lange Zeit nicht beachtet haben.

Ich habe hier eine Liste von Möglichkeiten, wie du die Bilder in den Alltag übertragen kannst, für die Großen Arcana zusammengestellt. Dies soll nur Anregung sein, denn ich bin sicher, daß du bald deinen eigenen Stil im Umgang mit dem Tarot entwickeln wirst.

0 Der Narr	Folge einem spontanen Einfall, auch wenn es leicht verrückt ist. Spiele wie ein Kind mit Kindern.
1 Der Magier	Nimm eine Sache in Angriff, die du schon lange vor dir herschiebst. Das kann auch eine ganz banale Kleinigkeit sein.
2 Die Hohepriesterin	Horche nach innen. Meditiere. Setze dich ans Wasser oder gehe sonstwie mit Wasser um.
3 Die Kaiserin	Gehe in die Natur. Ein Tag im Wald und auf der Wiese. Pflege deinen Körper. Tu` dir etwas Gutes.
4 Der Kaiser	Schaffe Ordnung. Räume auf. Plane deine Termine.
5 Der Hohepriester	Lese in einem Weisheitsbuch. Befasse dich mit deiner spirituellen Seite.
6 Die Liebenden	Besuche nette Menschen. Wie wär`s mit einem Rendezvous?
7 Der Wagen	Mache einen Ausflug. Verreise. Verändere etwas Äußeres (neues Bild, Kleid, Tapete etc.).
8 Gerechtigkeit	Triff eine Entscheidung. Durchdenke und erwäge deine Situation schriftlich.
9 Der Eremit	Ein Tag mit dir allein in aller Ruhe und Gemütlichkeit. Nachdenken über Wünsche und Ziele. Tarotlegen. Zu dir selbst finden.
10 Rad des Glücks	Achtung, es kommt eine Gelegenheit auf dich zu. Ergreife sie beim Schopf.

11 Stärke	Genieße dein Leben, deine Liebe und deine Kraft. Treibe Sport o.ä. bei dem deine Kraft zum Vorschein kommt.
12 Gehängter	Achte auf Denkanstöße, die dein bisheriges Denken auf den Kopf stellen.
13 Tod	Lasse etwas Verbrauchtes los. Trenne dich von alten Sachen, die nicht mehr gebraucht werden. Miste aus. Weine wenn dir danach ist.
14 Mäßigkeit	Mache neue Pläne und setze sie in die Tat um. Probiere etwas Neues aus. Das hat auch irgendwas mit Kochen zu tun.
15 Der Teufel	Kehre erst vor der eigenen Tür. Laß´ die Sau raus!
16 Der Turm	Laß alles geschehen. Suche den Sinn hinter den Dingen.
17 Der Stern	Du kannst aufatmen. Mache Atemübungen oder anderes, was den Energiefluß im Körper reguliert.
18 Der Mond	Notiere deine Träume und deute sie.
19 Die Sonne	Bringe deine Freude zum Ausdruck, tanze, singe, springe. Geh auf ein Fest.
20 Die Auferstehung	Gehe unter die Leute und teile dein Wissen mit ihnen. Achte auf spirituelle Erlebnisse und tiefere Wahrnehmung. Nimm diese Geschenke einfach an.
21 Die Welt	Laß´ dich ganz auf das Leben ein. Tu alles, was dir Spaß macht.

Zum Abschied ...

Mit meinem „Tarot-Latein" am Ende bin ich noch lange nicht! Immer wieder entdecke ich Neues und lerne dazu. Mit jedem neuen Tarotspiel, das ich mir alle paar Jahre gönne, kommt eine neue Welt auf mich zu. Auf diese Weise sind die Bilder des Tarot eine echte Bereicherung für mein Leben.

Tarotdeutung ist, ebenso wie die Astrologie, keine deterministische Wissenschaft, sondern eine spirituelle Sichtweise der Welt. Das Anhäufen von auswendig gelerntem Wissen verbessert deine Deutungen nicht. Ihre Qualität steigert sich mit jedoch deiner Selbsterkenntnis und Lebenserfahrung und natürlich mit deiner Bereitschaft selber genau hinzusehen. Je weniger Blockaden und Verdrängungen du hast, desto klarer und treffsicherer wird deine Deutungsaussage. Je ehrlicher du zu dir selbst bist, desto mehr zeigt dir der Tarot.

Dieses Buch gibt Anregungen, aber vergiß nicht, daß es letztlich du selbst bist, die entscheidet, was sie in ihren Karten sieht und was nicht. Nimm meine Aussagen zu einer Karte nicht als Dogma, wenn du gerade eine ganz andere Einschätzung hast. Ein Buch ist begrenzt. Es kann nicht auf alle Fragen antworten und jede Situation beschreiben. Das gelingt nur dem Buch des Lebens, in welchem du alle Seiten immer wieder durcheinanderwirbeln und neu ordnen kannst, wie beim Tarot!

Anhang

Astrologische Tabelle:

Tierkreiszeichen, Symbol		*Planetenherrscher, Symbol*	
Widder	♈	Mars	♂
Stier	♉	Venus	♀
Zwillinge	♊	Merkur	☿
Krebs	♋	Mond	☽
Löwe	♌	Sonne	☉
Jungfrau	♍	Merkur	☿
Waage	♎	Venus	♀
Skorpion	♏	Pluto	♇
Schütze	♐	Jupiter	♃
Steinbock	♑	Saturn	♄
Wassermann	♒	Uranus	♅
Fische	♓	Neptun	♆

Die Trümpfe und ihre astrologische Zuordnung:

0	Der Narr	- Uranus
1	Der Magier	- Sonne, Merkur
2	Die Hohepriesterin	- Mond
3	Die Herrscherin	- Venus
4	Der Herrscher	- Jupiter, Widder
5	Der Hohepriester	- Stier
6	Die Liebenden	- Zwillinge
7	Der Wagen	- Krebs, Schütze
8	Die Gerechtigkeit	- Waage, Saturn
9	Der Eremit	- Jungfrau
10	Das Rad des Lebens	- Steinbock, Jupiter
11	Die Kraft	- Löwe
12	Der Hängende	- Fische
13	Tod	- Skorpion
14	Die Mäßigkeit	- Schütze
15	Der Teufel	- Saturn, Mars
16	Der Turm	- Pluto
17	Der Stern	- Wassermann
18	Der Mond	- Neptun
19	Die Sonne	- Sonne
20	Die Auferstehung	- Pluto, Widder
21	Die Welt	- alle Zeichen- und Planetenenergien vereint

Die Trümpfe und ihre Symbolfarben:

0	Der Narr	- bunt
1	Der Magier	- Rot, Gelb
2	Die Hohepriesterin	- Blau, Violett
3	Die Herrscherin	- Grün
4	Der Herrscher	- Rot, Gold
5	Der Hohepriester	- Purpur, Violett, Schwarz, Weiß
6	Die Liebenden	- Rosa, Orange, Gelb
7	Der Wagen	- Rot, Blau
8	Die Gerechtigkeit	- Schwarz, Dunkelblau, Rot
9	Der Eremit	- Grau, Weiß
10	Das Rad des Lebens	- Rot, Gelb
11	Die Kraft	- Orange, Rot, Grün
12	Der Hängende	- Weiß, Zartblau, Zartgrün
13	Tod	- Schwarz, Weiß, Rot
14	Die Mäßigkeit	- Rot, Gelb, Gold
15	Der Teufel	- Schwarz, Rot, Grün, Braun
16	Der Turm	- Rot, Schwarz, Weiß
17	Der Stern	- Lichtblau, Weiß, Grün
18	Der Mond	- Silber, Blau, Grau
19	Die Sonne	- Gelb, Weiß, Gold
20	Die Auferstehung	- Rot, Grün, Orange, Gelb
21	Die Welt	- alle Farben

Die tiefere Bedeutung der 22 Hebräischen Buchstaben

Manchen Tarotkarten sind diese Zeichen zugeordnet (z.B. Crowley-Tarot oder Oswald Wirth Tarot). Aber es lohnt sich auch, die Texte auf die Zahlenwerte der Kleinen Arcana oder die Trumpfreihe zu beziehen. So können manche Zusatzdeutungen ermittelt werden. Die Trümpfe sind möglicherweise sogar aufgrund der „geheimen" Bedeutungen dieser 22 Buchstaben entstanden. Jedenfalls markieren sie den Weg der menschlichen Entwicklung, der *Individuation* zum gereiften Menschen.

Aleph - Haupt (des Stieres) - Zahlenwert Eins

Aleph ist tonlos; wird nicht ausgesprochen, hat aber ein Zeichen. Das heißt, das Prinzipielle ist sichtbar und spürbar, aber unaussprechlich. Als Glyphe besteht es aus „zwei Tropfen", Blut und Träne, Schreie aus dem Nichts, das Verborgene und das Erscheinende, die Idee und die Manifestation und die Diagonale dazwischen steht für den Menschen, den Vermittler zwischen Diesseits und Jenseits.

Beth - Haus - Zahlenwert Zwei

Beth ist der erste Ton, die erste Manifestation, das Diesseits, *unser* Haus, während das Haus des Göttlichen jenseits des Vorhangs ist. Jenseits ist alles enthalten, was sich diesseits in der Existenz zeigt, dort aber im Stillen, im Schweigen. Vom Diesseits aus ahnen wir die göttliche Welt nur.

Gimel - Kamel - Zahlenwert Drei

Das Kamel trägt den Menschen durch die Wüste. Die Wüste ist in der Thora der Ort, wo Gott zu den Menschen spricht. Das Kamel trägt uns auch durch unser Beth, unser Haus, unsere diesseitge Welt. Die Zeichen des Wortes Gimel sind die gleichen, wie für das Wort *reifen*, entwöhnen eines Kindes. Der Weg durch die diesseitige Welt besteht im Reifen, im sich Irdisch-selbständig-fühlen, im Ganzwerden.

Daleth - Tür - Zahlenwert Vier
Auf dem Weg durch die Welt kommt der Mensch an die Tür, die ihm die Anwesenheit von Welten außerhalb seiner eigenen zeigt. Innen im Haus finden wir immer nur uns selbst, aber wenn unser Gimel uns zur Tür führt, dann gibt es Beziehung zum Anderen, dann kann auch erst Liebe erwachsen. Die Tür gibt die Möglichkeit zum Austausch.

He - Fenster - Zahlenwert Fünf
Das Fenster läßt Licht von draußen ein. Ein Haus ohne Fenster bleibt dunkel, wie ein Mensch ohne Augen blind lebt. Das He stellt die Vollendung der Welt dar, das Vollkommensein ist erreicht.

Waw - Haken - Zahlenwert Sechs
Verbindungshaken zwischen Himmel und Erde. Dieses Zeichen ist auch das Hebr. Wort für *und*.

Sajin - Waffe - Zahlenwert Sieben
Das Zeichen ist ähnlich wie das Waw, aber der Strich ist verschoben, ein Riß ist entstanden, die Haken verbinden Himmel und Erde nicht mehr. Vielleicht wollen sie es wieder erreichen oder aber getrennt bleiben. Wo Liebe ist, kann auch Haß sein. Sajin, die Waffe, der Kampf, das Ringen der Liebenden oder sich Hassenden.

Cheth - Zaun - Zahlenwert Acht
Das Zeichen ist ähnlich dem He, doch das Fenster ist hier geschlossen, der Strich berührt das Obere. So sieht man nur sich selbst und seine eigene Welt; das Leben ist eingezäunt, das Andere ist vergessen. Wenn wir unsere Selbstzufriedenheit erreicht haben, vergessen wir alles andere und kapseln uns ab. Wohlstand macht egoistisch und engt ein.

Teth - Doppeltes (Gebärmutter mit Embryo) - Zahlenwert Neun

Das Zeichen zeigt den Raum einer Gebärmutter mit kleiner Öffnung für den Samen. Im Raum selbst ist es dunkel. Der Samen wird in die Finsternis gelegt und keimt dort, wächst heran zur Geburt.

Jod - Hand - Zahlenwert Zehn

Das Jod wird geboren, das kleinste und unscheinbarste Zeichen. Es ist das neugeborene Kind, das Geheimnis, das in der Gebärmutter gehütet war, das Kind in uns, das alle Weisheit hat und mit dem Himmel in Verbindung steht. Hand - Handeln aus unseren tiefsten Quellen, durch das innere Kind, das„ das Licht der Welt trägt".

Kaf - Hand - Zahlenwert Zwanzig

Kaf bedeutet auch Hand, doch nun ist die Hand zum Greifen bereit. Das Neugeborene greift noch nicht, begreift nicht. Jetzt aber ist die Welt begreiflich für den Menschen, denkbar und vorstellbar.

 Lamed - Ochsenstachel - Zahlenwert Dreißig

Die Hand greift nun zum Ochsenstachel, um den Stier Aleph, bei dem alles begann, anzutreiben. Aleph tritt nun in Erscheinung, das Jenseitige tritt ins Diesseits, in die Welt ein.

 Mem - Wasser - Zahlenwert Vierzig

Sobald sich der Stier bewegt, entsteht die Zeit. Das Diesseits besteht in der Zeit. Die Zeit birgt Hoffnung, Gott selbst ist die Zeit, das Geheimnis des Wassers. Man taucht ein in das Wasser, aber man bleibt nicht darin, sonst würde man ertrinken. So ist Mem das Tor zu anderen Welten.

Nun - Fisch - Zahlenwert Fünfzig

Hier berühren sich die beiden Jod von Aleph, gehen ineinander über. Das neugeborene Kind lebt in beiden Welten; der

Mensch hat sich kennengelernt in Zeit und Raum. Nun ist jenseits der Grenze des Weges durch Zeit und Raum, es führt aus Zeit und Raum hinaus.

Samech - Wasserschlange - Zahlenwert Sechzig
Die Wasserschlange begegnet dem Menschen im Wasser, in der Zeit, um ihn zu verführen. Das Zeichen ist rund, schlüssig, logisch. Man engt die Welt ein und bald schließt alles perfekt. Die Versuchung ist hier die Kausalität, die „Wissenschaftlichkeit" und somit die Leugnung der Liebe, der Uneigennützigkeit und Absichtslosigkeit, der Hingabe. Diese Schlange steht für Konstruktion, der Mensch sieht sich selbst nur als Schöpfer im Diesseits.

Ajin - Auge - Zahlenwert Siebzig
Das Auge kann die Einheit sehen, die Einheit der äußeren und der verborgenen Welt. Ajin vereint Waw und Sajin auf einem Fundament, den Menschen in seiner Urform und in seiner Eigenschaft als Kämpfer, der sich den Weg durch die Zeit bahnt.

Pe - Mund - Zahlenwert Achtzig
Der Mund spricht das Wort, das aus dem Jenseits zu uns gekommen ist. Das Zeichen besteht aus Kaf und Jod. Das Handeln wird hier aus göttlichem Ursprung betrieben, die Weisheit des Kindes reißt die Konstruktion nieder. Das Wort ist laut, während die Empfindung still schweigt.

Zade - Angel - Zahlenwert Neunzig
Zade ist das Hinausgezogenwerden aus dem Leben. Das Wort Ez, Baum, besteht aus Ajin und Zade, das Sichtbare und ein Wachstum darüber hinaus, eine Neugeburt kündigt sich an. Wenn man nur eine Seite sieht, dann fragt man nach gut oder böse; wenn man beide Seiten sieht, dann lebt man - hier und dort. Hier versucht also die Liebe, den nüchternen Verstand zum Schweigen zubringen.

Kof - Nadelöhr: Affe - Zahlenwert Hundert
Aus dem Zeichen Zade wird eine neue Welt geboren, die
Hunderter, eine Ebene höher. Hier geht dann das Kamel,
unser Gimel, auf seinem Weg durch die Welt durch das
Nadelöhr und hier unterscheidet sich auch der Mensch, der
seine Herkunft vom Himmel her kennt, von dem, der als
Affe den Höhepunkt im reinen Irdischen erlangt hat. An diesem Punkt hat man nichts vom Reichtum der weltlichen
Erfahrungen mehr, einzig die Liebe, die Freude geliebt zu
haben und geliebt worden zu sein, hat man immer. Im Irdischen ist der Affe König, das Tier - vom Himmlischen her ist
es der Mensch. Kof zeigt die Größe des Tuns beim schon in
der Zeit vollendeten Menschen.

Resch - Haupt - Zahlenwert Zweihundert
Resch hat nur noch Ausdehnung nach oben; die untere Welt
ist fort. Nur der Himmel und die Sehnsucht dorthin ist noch
da. Das Haupt, das Obere erscheint als die eigentliche Qualität des Menschen. Im Oberen ist alles Untere enthalten. Wie
der Kopf den Körper dirigiert, so herrscht das Reich des
Himmels in der Welt.

Schin - Zahn - Zahlenwert Dreihundert
Die Zähne teilen die Nahrung in viele Teile, damit wir sie
aufnehmen können und so teilt Schin die Zeit in viele Teile.
Unser Schicksal begegnet uns in der Zeit, denn würde es uns
auf einmal begegnen, würden wir daran ersticken wie an
unzerteilter Nahrung. Schin erinnert uns daran, die Speise
nicht nur von der Nützlichkeit oder vom Genuß her zu
betrachten, sondern oben und unten zu verbinden, also göttliche, große Zusammenhänge in die weltlichen, kleinen mit
einzubeziehen.

Taw - Zeichen - Zahlenwert Vierhundert
Hier zieht der Mensch nicht mehr wie beim Waw von oben
herunter, sondern jetzt zieht er vom Körper zum Himmel.

Taw enthält ein umgedrehtes Waw. Was jenseits war, wird jetzt Wirklichkeit. Taw bedeutet auch *leiden*; im hieroglyphischen Ursprung sieht man ein liegendes Kreuz, aber hier ist der Mensch bereits von Kreuz abgenommen. Doch das Grab ist leer, die Auferstehung ist vollzogen.

Kleine Auswahl verschiedener Tarotdecks:

Bildertarots

Rider-Waite-Tarot - Design: P. Smith; wohl das bekannteste Spiel; mit comicartigen, farbigen Zeichnungen, dem abendländischen Weltbild entsprechend.

The Chinese Tarot Deck - Design: Jui Guoliang; ansprechende naturalistische Darstellungen in sehr schönen Farben; Szenen aus dem alten China, wirkt wie eine Mischung aus traditionellen chinesischen Holzschnitten und dem Hongkong-Kino der Siebziger Jahre.

Tarot of the Cat People - Design: K. Kuykendall; exotische Personen in Fantasy-Atmosphäre, kostbar geschmückt und von Katzen umgeben. Die Zeichnerin hat offenbar tief in die Katzenseele geblickt oder wurde selbst von einer Katze erzogen. Das Tarot für Katzen-Liebhaber/innen!

Tarot der Weisen Frauen - Design: S. Gainsford; ein sehr liebevoll gestaltetes Spiel; märchenhaft verspielte Bilder, in denen Heilkräuterwissen und Hexenkult verarbeitet sind.

Arcus Arkanunm Tarot - Design: H. Wäscher; kraftvolle, mittelalterlich-mythologische Darstellungen im Stil von Ivanhoe und Prinz Eisenherz.

Motherpeace Round Tarot - Design: K. Vogel/W. Noble; runde Karten mit einfachen, bunten Zeichungen; feministisches Tarot, das die Kl. Arcana auf vier Kulturkreise/Kontinente bezieht.

Morgan Greer Tarot - Design: W. Greer; sehr plakative Zeichungen in intensiven Farben nach Grundlagen von Arthur Edward Waite und Paul Foster Case.

Das Röhrig Tarot - Design: C.-W. Röhrig; große, collagenartige, moderne Bilder; sehr ausdrucksstark.

Gill-Tarot - Design: E. J. Gill; farbige, prächtige Illustrationen mit religiösem Anstrich, auf der Basis des kabbalistischen Lebensbaumes; die Kl. Arcana als die vier Elemente illustriert.

Zigeunertarot - Design: W. Wegmüller; moderne, phantasievolle Illustrationen in kräftigen Farben. Verspielte, freundliche Bilder.

Haindl-Tarot - Design: H. Haindl; eindrucksvolle Bilder, sehr tiefgründig, fast wie Traumszenen. Die Kl. Arcana gliedern sich in vier mythologische Bereiche (indianisch, keltisch, indisch und ägyptisch)

Crowley-Thoth-Tarot - Design:F. Harris; intensive, farbkräftige Bilder; viel ägyptische Mythologie; nach meiner Ansicht ein sehr „psychologisch" wirksames Tarot.
Die Kl. Arcana sind keine Szenen mit Menschen, sondern abstrakte Darstellungen, die ähnlich dem Haindl-Tarot innere Stimmungen beschreiben. Beide Kartendecks haben am Fuß der Karten jeweils noch

Schlagworte zugeordnet, die ich überflüssig finde. Die Bilder selbst sind so intensiv, daß es keiner Kommentare bedarf.

Nur die 22 Trumpfkarten

Ansata-Tarot - Design: P. Struck; wunderschöne, eindrucksvolle naturalistische Bilder, großformatige Karten.

Traditionell gestaltete Tarots (Kl. Arcana ähnlich wie Spielkarten)

Oswald Wirth Tarot Deck - Design: O. Wirth; mein erstes Spiel; prachtvolle, große Karten mit goldenem Hintergrund, in traditionellem Stil, bei den Gr. Arcana sind die Hebräischen Buchstaben zugeordnet.

Tarot de Marseille - sehr altes Spiel, 1701 von J. Dodal, Paris herausgegeben; holzschnittartige, farbige Darstellungen. Tarot-Klassiker.

Literaturhinweise

Tarot:

Calvino, Italo: Das Schloß, darin sich die Schicksale kreuzen. Erzählung, dtv, 1984
Francia, Luisa: Hexentarot. Stechapfel, 1981
Montano, Mario: Poker mit dem Unbewußten. Praxis des intuitiven Tarot, Bauer, 1990
Nichols, Sallie: Die Psychologie des Tarot. Tarot als Weg zur Selbsterkenntnis nach der Archetypenlehre C.G. Jungs, Ansata, 1988
Pollak, Rachel: Tarot. 78 Stufen der Weisheit, Knaur Esoterik, 1983
Weinreb, Friedrich: Buchstaben des Lebens. (Hebr. Alphabet)Nach Jüdischer Überlieferung, Herderbücherei, 1979
Ziegler, Gerd: Tarot, Spiegel der Seele. Handbuch zum Crowley-Tarot, Urania, 1984

Farblehre:

Frieling, Heinrich: Das Gesetz der Farbe. Musterschmidt.
Heller, Eva: Wie Farben wirken. Rowohlt, 1989
Muths, Christa: Farbtherapie. Mit Farben heilen - der sanfte Weg zur Gesundheit, Heyne, 1989
Psychologie, Traumdeutung:

Harris, Amy Bjork und Thomas A.: Einmal O.K. - immer O.K. Transaktionsanalyse für den Alltag, Rowohlt, 1985
Jung, C.G.: Bewußtes und Unbewußtes: Beiträge zur Psychologie, Fischer, 1971
Jung, C.G.: Synchronizität, Akausalität und Okkultismus, dtv, 1990
Jung, C.G. u.a.: Der Mensch und seine Symbole. Walter Verlag, 1968
Levey, Joel: Die Kunst der Entspannung, Konzentration und Meditation. Hugendubel, 1991
Ryzl, Dr. Milan: ASW-Training. PSI-Methoden zur Weckung und Aktivierung des sechsten Sinnes, Ariston, 1975

Scarf, Maggie: Autonomie und Nähe. Grundkonflikte in der Partnerschaft, Heyne, 1988
Schwarz, Hildegard: Aus Träumen lernen. Knaur, 1987

Astrologie:

Greene, Liz: Kosmos und Seele. Wege zur Partnerschaft, ein astro-psychologischer Ratgeber, Fischer, 1991
Hamann, Brigitte: Die zwölf Archetypen. Tierkreis und Persönlichkeitsstruktur, Knaur Esoterik, 1991
River, Lindsay/Gillespie, Sally: Zeitknoten. Astrologie und weibliches Wissen, Goldmann, 1991

Macht und Magie:

Bourne, Lois: Autobiografie einer Hexe. Knaur, 1987
Brandl, Karin: Magie - die Kreativität des inneren Kindes, Knaur 1996
Brandl, Karin: Ich kann doch ohne dich nicht leben! Die Macht energetischer Verbindungen und ihre Auflösung, Verl. Hermann Bauer 1997
Francia, Luisa: Mond, Tanz und Magie. Frauenoffensive, 1986
Starhawk: Der Hexenkult als Ur-Religion der Großen Göttin. Goldmann 1992

Neuerscheinung im Herbst 1997

Karin Brandl

Durch Auraschutz die innere Kraft bewahren

Wirksame Methoden zum Schutz vor energetischen Einflüssen

ISBN 3-932669-01-0

Das körpereigene Energiefeld, die Aura, ist ein sensibler Empfänger feinstofflicher Energien. Die Aura ist täglich vielfältigen Einflüssen ausgesetzt. Jede Art von Schwingungsfeld kann in der Aura Veränderungen bewirken, die sich psychisch und sogar körperlich bemerkbar machen können. Durch gezielten Auraschutz lassen sich schädliche Einwirkungen verhindern.

Das Buch erläutert das körpereigene Energiefeld und seine Funktionen. Die verschiedenen schädlichen Einflüsse und ihre, für uns oft unbewußten Auswirkungen werden aufgezeigt. Es beinhaltet ein Lernprogramm zum gezielten Aufbau eines eigenen geistigen Schutzmantels, Meditations- und Visualisierungsübungen, Energiearbeit, helfende Blütenessenzen, heilende Kristalle, Kräuter, Reinigung von Aura und Räumen, sowie viele Tips und Hilfsmittel für den Alltag.

ALCHIMA

Astrologie

Geburtshoroskop, Jahresprognose,
Partnervergleich
Karmische Horoskopanalyse,

Das Horoskop ist ein Spiegel unserer Anlagen. Es stellt unsere „innere Landkarte" dar, die wir auf unserem Lebensweg bereisen können. Eine Landkarte zeigt uns, was für Wege es gibt, wohin wir gelangen und welche Verkehrsmittel wir nutzen können.

Die astrologische Beratung bietet einen umfassenden Einblick in die Grundlagen der Persönlichkeit und in die Zeitqualität, unseren momentanen „Standort auf der Landkarte".

Karin Brandl
astrologische Beratung, Tarotkurse, Wochenend-Seminare
Pfladergasse 2, 86150 Augsburg
Telefon/Fax 0821/15 74 43

Beratung auf Wunsch auch telefonisch.

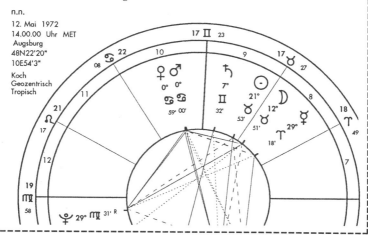

n.n.
12. Mai 1972
14.00.00 Uhr MET
Augsburg
48N22'20"
10E54'3"

Koch
Geozentrisch
Tropisch